Friedrich-Wilhelm Haack

Ratschläge

Jugendreligionen, -bewegungen und Sekten

Was können Betroffene und Verantwortliche tun?

3. ergänzte und auf den neuesten Stand gebrachte Auflage,
Februar 1979, 19.—25. Tausend
Verlag: Evangelischer Presseverband für Bayern, 8000 München 19
Abteilung: Schriftenmission

ISBN 3-583-50627-8
Druck: Claudius Verlag München

INHALT

Einführung

Mit bedrückender Regelmäßigkeit wird im Zusammenhang mit den neuen Jugendbewegungen und -religionen, mit Sekten und neuen Meditationsbewegungen an Fachleute und Berater die Frage gestellt „Was können wir tun?“.

> „Bitte helfen Sie uns, daß wir unseren Sohn wieder zurückholen können“; „Wie müssen wir uns verhalten?“; „Was haben wir nur falsch gemacht?“; „Meine Tochter hat mir geschrieben, wenn ich ihr nicht einen Betrag von über 3000 Mark für weitere ‚Studien‘ bei der Sekte gebe, will sie unseren Kontakt ganz beenden. Muß ich ihr das Geld geben?“ . . .

In unzähligen unterschiedlichen Einzelfällen werden hilfreiche Hinweise und Ratschläge erbeten.

Für die Betroffenen ist die Lage oft völlig neu und brutal bedrängend. Mit Recht können sie sich dort einige Hilfe erwarten, wo man schon länger mit solchen Fragen und Fällen umgehen mußte.

Aber Jugendämter, Telefonberatungsstellen, Seelsorger und Psychologen oder Therapeuten sind oft überfordert. Auch für sie sind die an sie herangetragenen Klagen und Wünsche und die ihnen zugrundeliegenden Fälle häufig nicht überschaubar und einschätzbar. So kommt es manchmal zu gut gemeinten, aber doch unangemessenen Empfehlungen.

> Eine Mutter versucht bei der vom Stadtjugendamt der betreffenden Großstadt genannten Beratungsstelle in einem Fall, wo die 16jährige Tochter einer der Jugendreligionen beigetreten ist und ihre schulische Ausbildung abbrechen will, Hilfe zu bekommen. Zwei Berater versuchen über eine längere Zeit hin, der Mutter klarzumachen, daß sie ihrer Tochter doch die „Selbstbestimmung lassen“ solle. Einer der Berater versucht sie schließlich mit dem Satz zu beruhigen, daß „wir uns ja alle mal die Hörner abstoßen mußten“. Der naheliegende Hinweis, die elterliche Gewalt bei der nicht volljährigen Tochter derart zu nutzen, daß ihr der weitere Schulbesuch und die Trennung von der Gruppe zugemutet würde, kam nicht. Als die alleinerziehende Mutter von Freunden dahingehend beraten wird und sich — trotz der schlechten Erfahrung — bei der Beratungsstelle vergewis-

sern will, warnt man sie dort davor, „einen solchen unwürdigen Zwang“ auszuüben.

In diesem Fall hatten die Berater sich nicht nur von ihrer Grundidee leiten lassen, ohne auf den besonderen Fall einzugehen, sie hatten auch keinerlei Ahnung von den Folgen, die ein längerer Aufenthalt in der „Familie der Liebe“ (früher „Kinder Gottes“), um die es sich handelte, für ein 16jähriges Mädchen haben kann.

Die Aussicht, ein Jahr später ein Kind „für Jesus gezeugt“ zu haben und das „Hörnerabstoßen“ dürften nicht deckungsgleich sein.

Nach einem Artikel im „Spiegel“ (Nr. 45/1976) über die Jugendreligionen meldete sich in Nr. 47 ein Bremer Soziologieprofessor und forderte von den Eltern nicht nur

> „Besorgte Eltern sollten ... lernen, die Ursachen der Sektenattraktivität zu erkennen, zu analysieren — und zu bekämpfen!“,

sondern darüber hinaus, sie müßten

> „außerhalb der Familie bereits für eine vernunftorientierte Sozialisation eintreten ...
>
> sich gegen jede Art realitätsentfremdender und identitätszerstörender Therapieform, Heilslehre und Sektenbildung wehren ...
>
> für eine öffentliche Diskussion über Sinn und Ziele von Therapieprogrammen, Freizeit und Rehabilitationsplänen eintreten und sie erzwingen, um eine systematische Abdrängung in den Untergrund der gesellschaftlichen Belanglosigkeit zu verhindern.
>
> Eltern sollten gemeinsam mit Jugendlichen und Erziehern autonome Basisinitiativen schaffen, die gegen die schon strategische Ausmaße annehmende Abdrängung resignierender Jugendlicher in die falsche Sicherheit einer von externen Feindbildern lebenden Subkultur gerichtet sind. Die bewußte und handlungsmächtige Auseinandersetzung mit den Ursachen des Leidens muß hergestellt werden!“

Nicht mehr und nicht weniger. Sicher sind auch solche Ratschläge und Forderungen gut gemeint. Vom Standpunkt des Schreibenden aus. Sie werden den Betroffenen kaum eine Hilfe sein. Denn über die Gruppen, ihre Hintergründe und Folgen, ja auch über „die Ursachen der Sektenattraktivität“ scheint dieser Soziologieprofessor wenig informiert zu sein.

Und das Einspannen für politisch-ideologische Überlegungen jedweder Art ist der schlechteste Dienst, den man in einer solchen Lage erweisen kann.
Die vorliegende Schrift will aus einer gewissen Erfahrung heraus begrenzte Ratschläge und Hinweise geben, „Was man tun kann", wenn ein Freund, ein Angehöriger oder jemand sonst Anvertrautes (au-pair-Mädchen, Schüler, Heimmitglieder, Auszubildende usw.) sich einer der neuen Jugendreligionen, Bewegungen oder Organisationen angeschlossen hat.
In begrenztem Umfang gelten die Ratschläge auch bei Sektenkonversionen herkömmlicher Art.
Eine Schrift wie die hier vorliegende braucht das Gespräch, braucht eine Antwort (das „feed-back", wie man manchmal so schön sagt). Sie benötigt selber Ratschläge, wie man Dinge noch besser, genauer, hilfreicher sagen kann. Sie benötigt Erfahrungsberichte. Auch solche, wo anscheinend etwas „schief gegangen" ist. Denn auch Fehler können einen Dienst leisten, indem sie andere vor dem Nachvollzug warnen.
So will diese Schrift außer einer Reihe von Ratschlägen, Handlungsmodellen usw. auch ein Gesprächsbeitrag zu dem immer vielgestaltiger werdenden Problem der neuen Jugendreligionen, -bewegungen und Gruppen sein. Vielleicht kann sie sogar ein Stück Seelsorge oder in anderen Bereichen zum Teil eines therapeutischen Prozesses werden. Wenn sie beispielsweise zum Umdenken und zu neuen Einstellungen führen würde.
Die sinnvollste Wirkung wäre eine Rückwirkung auf die Gruppen. Inhumane und antisoziale Praktiken können geändert werden. Auf jeden Fall soll den Gruppen die Erwartung zugemutet werden, daß sie die Dinge, die sie in dieser Schrift als Kritik empfinden, überprüfen und zum Besseren verändern.
Die Gruppen sind zwar Gegenstand dieser Ratschläge Schrift, nicht jedoch der böse Feind, auf den man losschlagen sollte. Sie sind selber hilflos und brauchten Rat, auch wenn sie dies von sich weit wegweisen, da sie sich doch im Besitz der „rettenden Wahrheit" glauben. Es liegt bittere Ironie darin, daß sie gerade damit ihre Therapiebedürftigkeit bezeugen.

„Sind wir denn vollkommen hilflos?"

Eine der ersten, leider auch häufigsten Fragen lautet: „Ja, sind wir denn jetzt vollkommen hilflos? Können wir gar nichts machen?" Juristisch gesehen kann die Antwort darauf nur „Ja!"

heißen. Vorausgesetzt, daß der oder die Betroffene volljährig sind.
Im Falle der Minderjährigkeit sollten Eltern von der ihnen rechtlich zugewiesenen „elterlichen Gewalt“ klar und deutlich Gebrauch machen und den Gruppen auch untersagen, den Nichtvolljährigen aufzunehmen. Beachten diese das nicht, kann die Polizei um Hilfe gebeten werden.
Das klingt sehr hart. Und häufig sagen die Betreffenden auch: „Wenn Du mich nicht gehen läßt, gehe ich, sowie ich 18 bin, ganz von Dir (Euch) weg. Dann breche ich alle Bindungen hinter mir ab.“ Ob man einem solchen Erpressungsversuch Folge leisten soll, muß man selber entscheiden.
Manchmal sind es auch Elternteile oder Geschwister, die der Ansicht sind, man solle niemanden zwingen. Es handle sich doch um eine Entscheidung „aus freiem Willen“. Zuerst einmal sollte man abklären, ob die so Argumentierenden gewillt und in der Lage sind, die Verantwortung und die Folgen dieser Entscheidung auf sich zu nehmen. Danach sollte man prüfen, ob sie etwas von den Gruppen und ihren Methoden wissen. Wenn eine der Jugendreligionen die Anweisung gibt, man müsse seinen Vorgesetzten in allem folgen, sonst falle man unter einen Fluch (Kinder Gottes), eine andere es für falsch erklärt, Außenstehenden eine Entscheidung zu überlassen (Scientology), dann wird man hier nicht mehr mit dem üblichen „freien Willen“ rechnen können.
Neben das Verbot „Du gehst da nicht hin, sondern beendest Deine Ausbildung“, müssen natürlich andere begleitende Maßnahmen treten (vielleicht ein Aufenthalt in einer anderen christlichen Gruppe während der Ferien, seelsorgerliche und geistliche Betreuung usw.).
Ist jemand 18 Jahre alt, dann ist er in seinen Entscheidungen auch frei von Wünschen und Ansichten seiner Eltern. Auch dann, wenn diese für seinen Lebensunterhalt aufkommen oder bislang aufgekommen sind. Es gibt keine juristische Handhabe, einen Jugendlichen zum Abschluß der Ausbildung zu zwingen, die man bislang bezahlt hat.

Es ist zwar gegen das natürliche Gefühl, durch die gesetzliche Lage aber erzwungenerweise überdenkenswert, ob Eltern und Jugendliche um den 18. Geburtstag herum nicht eines Tages beim Notar einen „Ausbildungsvertrag“ schließen müssen, wenn sie sich gegenseitig gegen solche Überraschungen absichern wollen, daß der Jugendliche dann kurz vor dem Abitur oder kurz vor Studien- oder Lehrzeitende erklärt „Ich höre jetzt auf und gehe in die und die Gruppe und pfeife auf meinen Abschluß“.

Als die Volljährigkeitsgrenze von 21 auf 18 Jahre herabgesetzt wurde, hatte man im allgemeinen mit einer solchen Entwicklung, wie sie sich bei den neuen Jugendbewegungen und -religionen anbahnt, noch nicht rechnen können. Beispielsweise mit der dort üblichen totalen Fremdbestimmung. In der Tat ist man zuerst einmal völlig hilflos, wenn Sohn oder Tochter, Partner oder Freund sich einer der neuen Jugendbewegungen und -religionen oder Sekten zugewandt hat und ihr beigetreten ist.
Man muß hilflos mit ansehen, wie die Ausbildung unterbrochen wird, wie Besitz übergeben wird, wie soziale Bindungen und menschliche Kontakte zerbrechen und wie ein Mensch in eine Verfassung gerät, die der Berliner Kriminalist Gerd Meyer in der Zeitschrift „Der Kriminalist“ (11/75) als „Moderne Sklaverei“ beschrieben hat.

Meyer stellt fest:

> „Die damals praktizierte Sklaverei ist zwar zwischenzeitlich in allen Ländern abgeschafft und gehörte bis vor kurzem der Geschichte an. Aber die Sekten haben doch eine Möglichkeit gefunden, sie in moderner Form wieder einzuführen. Sie lassen junge Menschen mit Intelligenz und guter Ausbildung fast ohne Bezahlung arbeiten. Als Gegenleistung wird ein karg bemessenes Essen und eine primitive Schlafstelle geboten. Bei Bedarf werden diese Menschen wie Ware exportiert. In der alten Zeit wurde die Bewegungsfreiheit der Sklaven durch Ketten und Gesetze eingeengt, während man sie heute mit dem Mittel der Suggestion geistig fesselt und sie zu willenlosen Werkzeugen macht.“ (a.a.O.)

Es gibt aber doch zwei unschlagbare Waffen, die gegen diese „moderne Sklaverei“ zur Verfügung stehen: die Erinnerung und die Zuneigung, die Liebe.
Die *Erinnerung* bindet uns an unsere Vergangenheit. Sie ist sowohl verstandes-, als auch gefühlsmäßig, als auch im Unterbewußten gegenwärtig. Die Bilder glücklicher Kindertage kann niemand auslöschen. Sie werden weder durch den Krisna-Sing-Sang, noch durch die MO-Briefe der Kinder Gottes, noch durch

scientologische Beeinflussung, noch durch AAO-„Selbstdarstellungen“, noch durch Mun'sche Satanslehre verwischt und völlig ausgemerzt. Im Bild der Mutter, die das weinende Kind an die Brust drückt — wenn wir es irgendwo sehen und es selber erlebt haben —, wird das eigene Erlebnis durch das Gesehene gegenwärtig.

> Vielleicht gibt es in Vielkinder-Familien mal das eine oder andere Kind, das „zu kurz kommt“. Häufig sind es die „brävsten“, die zu wenig „Streicheleinheiten“ abbekommen und dann seelische Leerstellen haben.
> So ist dem Autor bei Überprüfungen von Beitritten zur Mun-Bewegung einmal aufgefallen, daß es häufig Jugendliche aus kinderreichen Familien sind, die der Mun'schen Vereinigungskirche beitraten, oder auch Einzelkinder. Und daß in den meisten Fällen die Kindheit wie folgt beschrieben wurde: „Wir hatten eigentlich nie Schwierigkeiten mit ihr (oder) ihm. Sie (oder er) war immer ein freundliches und stilles Kind. Wir hätten nie gedacht, daß es mit ihr (oder ihm) einmal Probleme geben könnte.“

Erinnerung aber dringt immer wieder durch. Dies kann als sicher gelten. So ist es sinnvoll, in Briefen diese Erinnerung anzusprechen. „Weißt Du noch...“ Und wo die verstandesmäßige Erinnerung verdrängt, die gefühlsmäßige unterdrückt wird, besteht immer noch die „Erinnerung des Unterbewußten“. Wir haben bei unseren Kindern schon in den ersten Lebensjahren Verhaltensmaßstäbe eingeprägt, gegen die kein „heiliger Meister“ auftreten kann. Er kann bestenfalls versuchen, dort anzuknüpfen.
So ist grundsätzlich festzustellen, daß alle diese Bewegungen, Gruppen, Jugendreligionen und Sekten bei einer Haltung anknüpfen, die als „sozial positiv“ beschrieben werden kann.
Die jungen Menschen, die sich missionieren ließen, hatten alle den ihnen von zu Hause aus eingeprägten Willen, Gutes und Richtiges zu tun. Ein in der Wolle gefärbter Egoist wird kaum je einer solchen Gruppe beitreten (und wenn er's tut, wird er sich dort nicht lange halten).
Die Schwierigkeit scheint also die zu sein: daß die Kinder zur Verantwortung und zum Guten hin erzogen worden sind, bietet den Sekten, Jugendreligionen und Bewegungen den Anknüpfungspunkt. Sie können dann etwa so argumentieren:

„Nirgends wirst Du finden, daß man das Gute für alle Menschen tun kann. Nur durch das ‚rettende Rezept' unseres Führers ist dies möglich geworden. Komm darum zu uns."

Hiergegen läßt sich allerdings einwenden, daß dieses Gute doch zuerst einmal den Nächsten verständlich und erkennbar sein müßte. Dieses Argument sollte man immer so anbringen, daß man eine Antwort gar nicht abwartet. Es ist ein Denkanstoß für die „tägliche Stunde der Wahrheit" — den Zeitraum zwischen Zubettgehen und Einschlafen (jene Stunde, in der uns die nichtgeschriebenen Briefe, die unerledigten Aufgaben und andere Tagessünden einfallen). In der Dunkelheit können wir uns selber am wenigsten ausweichen.

Die zweite Waffe ist die *Liebe.* Sie ist noch mächtiger als die Waffe der Erinnerung. Gegen eine uneigennützige Liebe ist die trickreiche und gruppenegoistische „Liebe" der Gruppenführer und der Gemeinschaften machtlos.

Die persönliche Liebe zu einem Kind, Partner oder Freund muß jedoch weitgehend (so weit als möglich) selbstlos sein. Es wäre mißlich, würde man verletzten Eltern- oder Partnerstolz mit dieser Liebe verwechseln.

Solche Liebe kennt nicht „Argumente" wie:

„Wie konntest Du mir (uns) das antun?"
„Wie kannst Du nur so undankbar sein?"
„Wie stehe ich denn nun da?" usw. usw.

Dies sind Fragen, die eher den Frager in den Mittelpunkt stellen als den Befragten.

Von der Liebe wird gesagt, sie eifere nicht, sie rechne auch nicht zu. Damit ist gemeint, daß die Liebe nicht solche erpresserischen Argumente wie die obigen bringt.

Natürlich können solche Fragen auch Zeugnisse der Angst und Unbeholfenheit sein. Aber das wird der Betroffene schon spüren. Angst und Sorge darf der „Geliebte" schon heraushören. Allerdings ist die Liebe nach der schon angeführten Beschreibung auch „langmütig", das heißt sie verliert nicht gleich den Mut. Hoffnungsloses Weinen wäre ein Zeichen der Mutlosigkeit, kein Zeichen der Liebe. Das heißt nicht, daß die Liebe tränenlos ist. Sie kennt zum Beispiel das bittere Weinen der Sorge und der tiefen inneren Teilnahme und Erschütterung.

Zur Liebe gehört es, *die Nerven zu behalten.* Auch wenn einen die Sache schwer betroffen hat, muß man sich wieder fangen. Eine Mutter, deren Kind schwer krank ist, wird ihm durch

haltloses Weinen und nervöses „O Gott, was soll ich denn tun?" kaum Hilfe zur Genesung geben. So auch in unserem Fall. Wir müssen für jene, die in diese Gruppen gegangen sind, die Ruhe behalten. Innerhalb der Gruppen gibt es eine ewige nervöse Geschäftigkeit. Ein ruhiger Gegenpol wäre ein gutes Heilungsmittel. Ruhige Fragen, ruhige Anweisungen können erste kleine Bausteine zur Rückkehr sein. Auch wenn die Anweisungen nicht befolgt werden. Übrigens: einem kranken Kind sieht man auch vieles nach. Und bei einer Krankheit tritt die Genesung auch nicht schlagartig ein.
Wenn ja, dann ist es ein Wunder. Auf Wunder soll man hoffen, aber nicht mit ihnen rechnen.
Noch eine Waffe gibt es, die unbezwingbar ist: der *Glauben*. Glauben ist Vertrauen (nicht eine Sammlung von „Für-wahr-Haltungen") und drückt sich in der Hinwendung zu dem aus, an den man glaubt. Hinwendung zu Gott heißt Gebet. Hinwendung zu einem Menschen, zum Ehepartner, zu Kindern oder Eltern benutzt ebenfalls die Sprache. Der Grund-Satz heißt „Ich brauche Dich! Hilf mir!" und „Ich weiß, daß Du mich nicht im Stich läßt".
Dem Autor sind einige Fälle bekannt, wo Eltern, die sich auseinandergelebt hatten, dadurch wieder zueinander gefunden haben, daß ihr Kind einer der Jugendreligionen beigetreten ist. In den so bekanntgewordenen Fällen hat auch die Tochter (bzw. der Sohn) danach jeweils wieder zurückgefunden.
Die Frage „Sind wir denn vollkommen hilflos?" muß also doch mit „Nein!" beantwortet werden.

Den anderen Glauben kennenlernen

Nicht jeder wird zeitmäßig und von seiner Umwelt her in der Lage sein, religiöse und geistige Auseinandersetzungen verstandesmäßig zu führen.
Ich denke dabei an eine Bäuerin aus Niederösterreich, deren Sohn (siebentes Kind, Abiturient) zu einer der neuen Jugendreligionen gegangen war. Sie schrieb: „Man hat schon vorher nicht recht alles mit dem Buben reden können. Aber den neuen Glauben versteh ich gar nicht. Er sagt auch nicht viel drüber und meint nur, wir sollen Vertrauen haben und doch mal hinkommen. Wir sind alle katholisch und wollen es auch bleiben. Der Vater hat schon geweint, weil man mit dem Franz gar nicht

reden kann und er uns auch nicht mehr versteht.“ (Geringfügig verändert.)

Daß man vorher schon „nicht recht alles“ mit dem Sohn reden konnte, verdeutlicht den Bildungsunterschied zwischen den Bauersleuten und ihrem Abiturientensohn. Jetzt kommt der neue Glauben, von dem man nichts versteht. Nur das eine: daß er anders ist als der eigene Glauben und daß sich das Verhalten des Sohnes völlig verändert hat. Hier wird die Auseinandersetzung auf gefühlsmäßiger Ebene geführt. Die Tränen des Vaters und die Sorgen der Mutter wiegen nicht weniger schwer, als es gut gewählte Worte in der Auseinandersetzung täten.

Wer jedoch in der Lage ist, die andere Religion oder Bewegung kennenzulernen, der sollte dies auf keinen Fall versäumen.

Dabei ist aber wichtig, daß man das Kennenlernen nicht auf eine Weise vollzieht, die falsche Hoffnungen erweckt. Wo beispielsweise die Tochter einer der Gruppen beigetreten ist, wäre es falsch, zu sagen: „Schildere uns doch einmal Deinen neuen Glauben (oder Deine neue Organisation).“ Das wäre aus mehreren Gründen unglücklich:

1. Das Mädchen ist selbst neu in diesem Glauben und wird nicht „den neuen Glauben“, sondern nur ihre Kenntnisse über den neuen Glauben bzw. die neuen Ideen weitergeben können.
2. Diese Weitergabe ist gefühlsmäßig bestimmt. Die Tochter wird nicht nur ihren neuen Glauben darlegen, sondern sich mit dieser Darlegung verteidigen wollen („Seht, so gut ist dieser Glauben“). Die Nachrichten über diesen Glauben sind also nicht nur bruchstückhaft, sondern eingefärbt. Eigene Ansätze zur Kritik würden kaum weitergegeben, um den Eltern nicht ein Gegenargument in die Hand zu geben („Du siehst ja selber ...“).
3. Bei der Darlegung ihres neuen Glaubens gibt man ihr die Möglichkeit, sich als Missionarin zu fühlen. Solche Gefühle aber verstärken die innere Bindung an den neuen Glauben bzw. an die neue Gemeinschaft.
4. Und dies scheint mir mit am wichtigsten — man erweckt damit vielleicht einen falschen Eindruck. Die Tochter kann vielleicht annehmen, daß man an ihrem Glauben Interesse hat. In Gedanken (und im Überschwang ihrer Gefühle) sieht sie die Eltern auf dem ersten Schritt in ihre Gemeinschaft.

Die Tochter hat den Eltern ihren Glauben voll Eifer erzählt. Sie erwartet, daß diese Erzählung die gleichen Folgen hat, wie sie selber sich bei der Gruppe plötzlich entschieden hat, nachdem man ihr die Sache „erzählt" hat.

Sie rechnet ja in diesem Augenblick nicht damit, daß sie gutgeschulte Werber in einer auf Bekehrung abgestimmten Umwelt (in der Gruppe) nicht nur geistig, sondern auch seelisch-emotional „überwältigt" haben.

Sie wird also ihrem Missionsgespräch mit den Eltern (und anders kann sie es nicht verstehen) die gleiche Wirkung zutrauen. Tritt diese nicht ein, ist sie enttäuscht. Sie kann das als „direkte Ablehnung" verstehen und persönlich übel nehmen. Sie hat die Eltern, als diese sich von ihr ihren Glauben schildern ließen, vielleicht schon auf dem ersten Schritt in ihre neue Gruppe gesehen. Nun sieht sie in ihnen Feinde, wenn nicht gar „Verräter".

Es ist immer besser, sich an anderer Stelle und möglichst umfangreich über die Gruppe zu informieren. Dabei ist zu unterscheiden zwischen

Informationen über die Lehre,
Berichten über die Geschichte der Gruppe,
Berichten über den Gründer und
Berichten über das Verhalten der Gruppe.

Sinnvoll ist es, sich ein kleines Archiv anzulegen. Zeitungsausschnitte, in einfachen Aktendeckeln gesammelt, können der Grundstock werden. Nicht vergessen Datum und Herkunft auf dem Artikel zu notieren. Beispielsweise „Der Spiegel, 33/1977" (Nummer 33 von 1977). Oder „Südd. Zeitung, München, 12. 9. 1977".

In einer besonderen Mappe kann man Werbeflugblätter oder Zeitungen, die die Gruppe verteilt, aufheben.

Darstellungen über die Gruppe finden sich oft in der Stadtbibliothek. Auch eine Anfrage bei einem Pfarramt führt auf die Spur solcher Bücher.

Ein kleines Verzeichnis brauchbarer Veröffentlichungen wird am Schluß dieser Arbeit aufgeführt.

Ein Gespräch mit Sachkennern, die sich im allgemeinen stets die Zeit dafür nehmen, kann ebenso zum Kennenlernen des anderen Glaubens beitragen. Gibt man selber dabei seinen eigenen Erfahrungsbericht (vielleicht in Stichworten aufgeschrieben), wird der Sachkenner von diesem Gespräch auch seinen Nutzen haben.

Über das „Innenleben“ der Gruppen, also über das Verhalten der Mitglieder untereinander, über das Verhalten der Führer gegenüber den Mitgliedern und über die Art, wie man „innen“ über die „Außenwelt“ (also auch die Eltern und Angehörigen) redet, kann man am besten bei ehemaligen Gruppenmitgliedern informiert werden. Solche Adressen lassen sich manchmal über die Elterngruppen (vgl. Kapitel „Elterninitiativen“), manchmal über die Sachkenner erfahren.
Gespräche mit anderen, die das gleiche Schicksal teilen, können sowohl dem Austausch der Kenntnisse dienen, als auch zu gemeinsamen Überlegungen „Was man weiter tun kann“ führen.

Briefkontakte

Man wird davon ausgehen können, daß eine Reihe von Gruppen den Briefverkehr ihrer Mitglieder mit Außenstehenden überwachen. Das zeigt sich beispielsweise, wenn Briefe mit kritischem Inhalt den Empfänger nicht erreichen oder in einem Briefumschlag an Familie X ein Brief eines völlig unbekannten Absenders, der eigentlich an Familie Y gerichtet ist, liegt. Doch auch wenn es nicht zu solch deutlichen Zeichen der Überwachung kommt, muß man mit einer derartigen Absicherung der Gruppen rechnen.
So empfiehlt es sich erst einmal, den Versand des Briefes abzusichern, indem man bei Unklarheit die Form des Einschreibebriefes wählt. Dann hat man immer noch keine Garantie, daß der Brief den Empfänger erreicht, kann auch nicht kontrollieren, ob ein „Zwischenleser“ beteiligt ist, man kann aber belegen, daß man die Briefe abgeschickt hat.
In einem Fall machte ein junger Mann seinen Eltern Vorwürfe, daß sie sich „nie um ihn gekümmert“ hätten, während sie glaubwürdig versicherten, ihm ständig geschrieben zu haben, wenn sie sich auch über die fehlende Antwort geärgert hätten. Die Mutter: „Wir haben aber gedacht, daß unser Sohn uns einfach nicht antworten will.“ Da die Briefe auch nicht wieder zurückkamen, nahmen die Eltern an, sie würden den Empfänger auch erreichen. Mit einer Vernichtung der Briefe durch die Gruppe hatten sie nicht gerechnet.
In wichtigen Fällen wird sich ein „Einschreiben mit Rückschein“ empfehlen. Ganz wichtige Nachrichten sollten bei fehlender Rückantwort durch den Empfänger noch einmal mit Hilfe eines rechtsanwaltlichen Schreibens übermittelt werden.

Ohne jeden Umweg empfiehlt sich dieser Informationsweg, wenn der Betreffende telefonisch nicht zu erreichen gewesen ist und es um einen nahenden Todesfall in der Familie geht. In einem solchen Falle ist auch die Einschaltung der örtlichen Presse empfehlenswert, die in einer solchen Lage meistens hilfsbereit sein wird.

Im allgemeinen wird man diese letztgenannten Wege nicht wählen müssen.

Beim persönlichen Briefkontakt sind persönliche und private Nachrichten wichtig. Der Empfänger ist auch dann ein Teil der Familie, wenn die Gruppe eine ganz andere Ansicht hat. So kann man ihn per Brief an den Freuden und Sorgen seiner Familie voll teilhaben lassen. Man muß nicht damit rechnen, daß er auf alles eingeht. Es soll ihm aber mitgeteilt werden, was alles in seinem früheren Lebensumkreis geschieht.

Zur religiösen Auseinandersetzung oder zur Anklage eignet sich der Briefverkehr nicht. Sachfragen „Was machst Du?“, „Wann kommst Du einmal zu uns?“ usw. gehören zu einem wirklichen Briefwechsel.

Ausführungen über die Sektenlehre übergeht man am besten. Wenn es zuviel wird, kann man bitten

> „Du weißt, daß ich die Lehre Deiner Gruppe ablehne, darum schreibe mir lieber Persönliches.“

Wenn regelrechte Werbebriefe kommen, kann man solche ausschließlichen Werbebriefe der Elterninitiative oder einem Sachkenner zur Verfügung stellen. Diese sind zum Stillschweigen verpflichtet, lernen aber dadurch einiges über die Vorkommnisse und Argumentationsweisen der Gruppen.

Vereinigungskirche und Kinder Gottes, vielleicht auch andere Gruppen, wenden sich hin und wieder direkt an die Angehörigen. So beispielsweise gratuliert die Vereinigungskirche den Angehörigen ihrer Mitglieder zum Geburtstag.

Darauf kann man etwa wie folgt antworten:

> „Ihre Geburtstagswünsche sind bei mir eingegangen. Sie würden besser tun, meine Tochter (meinen Sohn) wieder in seine Freiheit zu entlassen oder ihm zumindest die Ausbildung abzuschließen helfen, aus der Sie ihn herausgerissen haben. Solange dies nicht der Fall ist, bitte ich Sie, mir keine derartigen ‚Glückwünsche‘ zuzusenden, die von mir eher als Verhöhnung aufgefaßt werden müssen.“

Will man ein übriges tun, kann man Karte und Kopie des Ant-

wortschreibens einer Elterninitiative oder einem Sachkenner für dessen Archiv übergeben.
Bettel- und Missionsbriefe von seiten der Gruppe (die nicht vom eigenen Angehörigen direkt geschrieben worden sind) kann man unbeantwortet lassen oder, wie oben ausgeführt, weitergeben.
Als Briefbeilagen in persönlichen Briefen eignen sich Fotos. Geld zu schicken empfiehlt sich in Briefen ebensowenig, wie es auch als Geschenk ungeeignet ist.

Geld

Geld benötigen wir alle zur Vereinfachung unseres Lebens. Einmal indem wir uns dadurch vereinfachen, „zu etwas zu kommen“ (der frühmenschliche Tauschhandel war eine mühsame Sache) und zum anderen, indem es dem Leben Annehmlichkeiten verschafft. Andererseits ist Geld ein Zeichen der Macht. Wer Geld hat, kann seine Ideen verwirklichen. Aus diesem Grunde wird bei den Jugendreligionen, -bewegungen und Sekten Geld immer eine wichtige Rolle spielen.
„Gott braucht Geld, um seine Ziele zu verwirklichen“, ist die einfache Antwort eines jungen Missionars, als er auf die Finanzen seines Religionsgründers angesprochen wird.
Geld wird als Bestätigung der eigenen Sache verstanden. „Als ich am Abend meine Tageseinnahmen sah, konnte ich fester glauben. Erst hatte ich gemeint, gar nichts ginge“, sagt ein Krsna-Anhänger, für den die hohen Sammlungsbeträge regelrecht zum Gottesbeweis worden.

> „Die Folgen, Geld von der Bewegung zurückzuhalten, sind die schweren Strafgerichte Gottes — in diesem Falle TOD“,

behaupten die Kinder Gottes mit falscher „biblischer Begründung“. In einem Geheim-Brief (DFO 334-A, v. 22. 4. 75) weist der Führer der Kinder Gottes an, auf die Neumitglieder dahingehend zu wirken,

> „nach Hause zu gehen und all sein Zeug und sein Bankkonto und sein Geld und alles zu holen und es dann an Ort und Stelle zu übergeben“.

Manchmal wird von den Gruppen darauf hingewiesen, Jesus Christus habe dem reichen Jüngling empfohlen, „allem abzusagen und ihm nachzufolgen“. Ja, aber erstens war das nicht als Pauschalratschlag für jedermann gedacht und zweitens hat er nicht gesagt „Und gib es meinem Kassenverwalter“. Der bib-

lische Ratschlag zur Armut für Nachfolger Jesu meint, daß diese ihren Besitz hinter sich lassen, nicht daß sie ihn mitbringen.
Die Gruppen benötigen jedoch finanzielle Mittel, um ihre Ziele durchzusetzen und zu verwirklichen. Darum werden die Mitglieder entweder durch die Aufforderung zur Übergabe oder durch die Buchungen von teuren Kursen und Trainings zur Besitzübergabe veranlaßt. Von Scientology ist bekannt geworden, daß selbst Darlehens-Programme entwickelt werden und daß Kurse und Auditings lange vor der Durchführungsmöglichkeit bezahlt werden sollen.
Wenn die Führer der Jugendreligionen oft die Verfügungsgewalt über immense Beträge haben, wird das in den Gruppen nicht als Bereicherung, sondern teils als Notwendigkeit, teils als Beweis für die Richtigkeit der Gruppen-Botschaft gedeutet.

In Scientology-Gruppen gab es beispielsweise die Anweisung:

> „Von den Bruttoeinnahmen sind 10 Prozent Lizenzen an L. Ron Hubbard abzuführen." (Satzung Berlin, v. 14. 6. 71)

Im April 1973 wird der Satz geändert in: „10 Prozent der Bruttoeinnahmen müssen als Verwaltungsausgaben an die Mutterkirche abgegeben werden."
Geld ist Macht. Das gilt bei den Jugendreligionen und ähnlichen Gruppen mit brutaler Deutlichkeit. Von keiner dieser Gruppen ist ein uneigennütziges Programm wie etwa „Misereor" oder „Brot für die Welt" bekanntgeworden. Wenn „soziale Programme" durchgeführt werden, dann haben sie entweder Werbewert und werden kaum mit übermäßigem Einsatz von Finanzmitteln und Kraft durchgeführt oder sie müssen bezahlt werden. Bei dem angeblich „sozialen Naroconon-Programm" der Scientologen werden auch öffentliche Mittel in Anspruch genommen (in Berlin wurden mit Hilfe geneigter Beamter erhebliche Mittel aus öffentlicher Hand zur Verfügung gestellt).
Wenn die Gruppen können, versuchen sie auch, durch Angehörige der Mitglieder finanzielle Zuwendungen zu erhalten.

> „Mein Sohn bat mich um einen erheblichen Kredit, um einen wichtigen Kurs bei der Scientologen-Organisation machen zu können."

Der Vater lehnte ab und der familiäre Kontakt ließ deutlich fühlbar nach.
Junge Leute, die vorzeitig ihr Erbe ausbezahlt haben wollen

und das Drängen „Schick mir bitte hundert Mark“, gehören durchaus zum Szenenbild der Gruppen.
Finanzielle Zuwendungen werden immer der Gruppe zufließen. Es ist nicht ratsam, Bargeldbeträge zu geben.
Der Versuch, sich mit Geldgeschenken (oder Wertsachen) einen Kontakt zu erkaufen, wird keine andere Folge als neue Forderungen zeitigen. Man setzt sich mit finanziellen Zuwendungen selbst einer Art von Erpressung aus. Warum sollte jemand, der von seinen Eltern für seine neue Gruppe Geld bekommen kann, diesen Erfolgsweg aufgeben? (Vgl. auch das Kapitel „Geschenke“.)
Nicht ratsam ist es, den Besitz der Gruppenführer als Gegenargument zu gebrauchen. Erstens versuchen die Mitglieder dann auf den „Reichtum der Kirche“ zu verweisen (der aber niemals von einer Person verfügt werden kann und weitgehend zweckgebunden ist) und zum anderen kann ein gläubiges Gruppenmitglied so antworten wie ein Mathematik-Student auf dem Guru-Puja der „Divine Light Mission“ (heute: „Divine United Organisations“) in Essen 1975:

> „Wer in der Welt wäre denn sonst würdig, allen Luxus zu haben, wenn nicht der, der allein fähig ist, der Welt den Frieden zu bringen.“

„Der“ ist in diesem Fall der jugendliche Inder Guru Maharaj Ji. Es könnte aber auch ein anderer „heiliger Meister“ sein. Etwa Mun, oder David Berg, oder Bhagwan Rajneesh, oder Otto Mühl, oder L. Ron Hubbard, oder Anandamurti, oder Maharishi Mahesh Yogi, oder sonst ein Weltrettungsspezialist.
Es kann aber versucht werden, etwas vom Besitz der zu einer der Bewegungen Übergetretenen für später zu erhalten. Häufig sind die Kosten der „Zeit danach“ erheblich. Eine gute Therapie ist nicht billig. Eine neue Berufsausbildung, eine neue Wohnung usw. kosten auch ein gutes Stück Geld.
Es empfiehlt sich, möglichst gleich in der Anfangszeit mit dem Betroffenen einen notariellen Vertrag abzuschließen. Dann, wenn derjenige noch nicht zu glauben vermag, daß es die Gruppe auch auf seinen persönlichen Besitz abgesehen hat. Meist ist es dazu jedoch zu spät, wenn die Angehörigen feststellen, daß Sohn, Tochter oder Partner sich einer der Gruppen verschrieben haben. Gut wäre es, wenn das örtliche Jugendamt oder das Pfarramt einen informierten Rechtsberater empfehlen könnte.

Geld für eine Rückfahrkarte?

Wird von einem Mitglied der Gruppen um eine Fahrkarte nach Hause gebeten, kann man ihm selbstverständlich diesen Dienst erweisen.
Auf jeden Fall sollte diese Fahrkarte durch den Stempel „gestundet“ oder durch eine Abmachung mit dem Reisebüro oder den zuständigen Stellen unverkäuflich gemacht werden. Bargeld zu senden, kann zu argen Enttäuschungen führen. Fälle, in denen das „Geld für eine Rückfahrkarte“ in Wirklichkeit zur Unterstützung der Gruppe diente, sind vorgekommen.
Für jeden Platz der Erde lassen sich Fahrkarten in Deutschland oder einem anderen Land besorgen und per Einschreiben oder auf andere Weise übermitteln.
Ein weiterer Weg bei Auslandsangelegenheiten ist eine Rücksprache mit Behörden (Auswärtiges Amt), die zum Einsatz eines deutschen Konsuls oder Botschafters führen können. Die Botschaft und das Konsulat sollten dann eine Rückerstattungserklärung erhalten, so daß sie dort eine Fahrkarte besorgen können. Der Botschafts- oder Konsulatsbeauftragte wird auch den Hilfesuchenden zum Flugzeug oder Schiff begleiten, so daß er sich von der Abreise überzeugen kann.
Ist die Angelegenheit nicht so dringend und wird die Geldsendung (bzw. Fahrkarte) an die offizielle Gruppenadresse erbeten, sollte man sich zuerst vergewissern, welchen Sinn die Reise hat. Ein Urlaub in Deutschland auf Kosten der Angehörigen könnte auch zugunsten der Gruppe durchgeführt werden.
Ist der Fall eingetreten, daß der Betreffende dann gar nicht zu Hause erscheint, sondern sich direkt zu der Gruppe begibt, sollte dies sofort der Öffentlichkeit mitgeteilt werden. Beratung geben in solchen Fällen die Sachkenner und die „Elterninitiative … e. V.“

Geschenke

Menschen drücken seit Urzeiten ihre Zuneigung zueinander durch Geschenke aus.
Das wird sich auch dort nicht ändern, wo ein Mensch, dem wir Zuneigung entgegenbringen, in einer schwierigen Lage ist.
Auch wenn sich jemand von seinen Freunden und Angehörigen abgewendet hat und sich einer der Jugendreligionen, Seelenveränderungsbewegungen oder Sekten angeschlossen hat, wird

die Zuneigung derer, die ihn wirklich mögen, davon nicht beendet.

Allerdings ist eine neue Lage eingetreten, die berücksichtigt werden soll. Wirkliche Zuneigung oder Liebe wird sich in einer schwierigen Lage nicht an der Entfaltung hindern lassen, sondern jetzt besondere Anstrengungen entfalten, dem anderen zu helfen.

Die Lage, in der sich der andere befindet, wird dabei mit berücksichtigt werden. Auch hinsichtlich der Geschenke.

Bei Mitgliedern von Jugendreligionen oder ähnlichen Bewegungen muß davon ausgegangen werden, daß alle wertvollen Geschenke, alle Geldzuwendungen und technischen oder sonstwie nützlichen Gegenstände von der Gruppe oder von den Leitern vereinnahmt bzw. „in den Dienst der Sache gestellt“ werden.

Von solchen Geschenken ist daher dringend abzuraten. Es sei denn, man beabsichtigt eine solche Unterstützung der Gruppe. Das gilt für den Alltag ebenso wie für Feste wie Geburtstag und Weihnachten.

Auch Geschenke, die unter normalen Umständen „einmal der größte Wunsch“ des Beschenkten gewesen wären, fallen unter diesen Ratschlag. Ob Kassettenrecorder oder Schallplatten, Bücher oder Schmuck — sie werden in den meisten Fällen zum Gruppeneigentum werden.

Persönliche Geschenke werden an erster Stelle Selbstgebackenes (ein kleiner Kuchen oder Plätzchen), ein selbst hergestelltes Kleidungsstück oder (wenn der Postweg nicht zu lange dauert) im Sommer etwas Obst aus dem Garten oder ein paar freundliche Kleinigkeiten sein. Möglichst solche mit einem besonderen Erinnerungswert (ein Fotoalbum beispielsweise, in dem auf jeden Fall schon einige Bilder enthalten sein sollten).

Geschenke immer als Paket senden. Wegen des Postbelegs. Wenn der zu Beschenkende einen größeren Gegenstand erbitten (beispielsweise einen neuen Wintermantel) und man ihm diesen zukommen lassen will, dann ein solches erbetenes Geschenk nicht schicken, sondern ihm zur Abholung anbieten. „Du kannst zu mir kommen, dann gehen wir gemeinsam den Mantel kaufen.“ Mehrere Mäntel oder über den persönlichen Bedarf hinausgehende Geschenke empfehlen sich jedoch auch auf diesem Wege nicht.

Gewarnt werden muß vor Geldbesorgungsversuchen wie „Ich kaufe mir den Mantel hier und Du schickst mir das Geld". Selbst wenn ein Mantel gekauft worden sein sollte, kann der mögliche Bezahler nie sicher sein, ob er auch für die betreffende Person oder für ein anderes Gruppenmitglied gekauft wurde.

Für eine neue Brille sollte eigentlich die Gruppe aufkommen. Will man diese Anschaffung übernehmen, dann nur bei persönlicher Gegenwart des Empfängers.

Selbst wenn der Geschenkempfänger sehr weit weg ist, weil ihn die Gruppe in ein fernes Land verbracht hat, sollte man sich genau überlegen, ob man nicht nach diesen Ratschlägen verfährt.

Sehr leicht können jene Eltern und Angehörigen, die nach dem Prinzip „So habe ich doch wenigstens Kontakt zu ..., wenn ich viel für ihn oder sie tue und auch mal Geld schicke" handeln, zu regelrechten „Ausgabebüros" werden, wie es ein Vater einmal ausdrückte.

Erbschaftsfragen

Ein besonders schwieriges Problem sind Erbansprüche. Man wird davon ausgehen müssen, daß Mitglieder der Gruppen ererbtes Kapital oder sonstiges Vermögen der Gruppe zukommen lassen oder zum Zwecke einer angeblichen Ausbildung in der Gruppe veräußern. Besonders die französische Elterninitiative „A. D. F. I." weist in ihren Rundbriefen deutlich und häufig auf diese Probleme hin. In einem solchen Falle sollte man sich sofort die Hilfe eines fähigen Anwaltes sichern. Adressen können sicher von den Sachkennern und Mitgliedern der „Elterninitiative ... e. V." genannt werden.

Im „Rundbrief IV/1976" der Elterninitiative ... e. V." hat der Autor schon einmal im September 1976 diese Frage angesprochen. Der Einfachheit halber soll der dortige Abschnitt hier vorgestellt werden:

> „Wo die Gefahr besteht, daß eine Gemeinschaft sich des Erbteils ihrer Mitglieder bemächtigen will oder kann, ohne daß die potentiellen Erblasser dieses wünschen, kann ein Erbverzichtsvertrag oder Pflichtteilsverzichtvertrag mit dem potentiellen Erben abgeschlossen werden.
>
> Häufig sind ja die Neubekehrten der Ansicht, daß diese neue Gruppe (der sie gerade beigetreten sind) keinesfalls auf den

Besitz oder spätere Besitzansprüche ihrer Mitglieder aus sind. Im folgenden stelle ich Ihnen den Text eines Pflichtteilverzichtsvertrages vor, der vor dem Notar abgeschlossen werden muß.
Dieser Vertrag sollte aber keinesfalls zur Minderung der Rechte des Verzichters und zur Begünstigung anderer, sondern ausschließlich zur Sicherstellung der Rechte des Verzichters abgeschlossen werden.
Aus diesem Falle wäre gleichzeitig mit den anderen potentiellen Erbnehmern oder durch einen Testamentsvertrag sicherzustellen, daß der Verzichter nach dem glaubhaften Verlassen der Gruppierung (der man ja das Erbe nicht zukommen lassen will) sukzessive — also nicht auf einen Schlag — wieder in seine vollen Erbrechte eingesetzt wird.
Die sukzessive Einsetzung in die vollen Rechte soll einen Scheinaustritt (zum Zwecke des Rückgewinns im Interesse der Gruppierung) ausschließen. Am besten jedoch wäre es, wenn der Verzichter nichts von den anderen Abmachungen zu seiner Sicherung weiß, so daß weder er noch seine Gruppierung darauf spekulieren können.

Pflichtteilsverzichtsvertrag

Heute, den eintausendneunhundertsechsundsiebzig
erschienen vor mir
Notar mit dem Amtssitz in
1) Herr und Frau ... Name, Beruf, Geburtsdatum, Wohnung
2) deren Sohn/Tochter ... (wie oben)
Auf Ansuchen der Erschienenen habe ich ihren bei gleichzeitiger Anwesenheit mündlich vor mir abgegebenen Erklärungen gemäß folgendes beurkundet:

I.

Ich, ..., verzichte hiermit gegenüber meinen Eltern für mich und meine Abkömmlinge auf das mir am Nachlaß meiner Eltern ... und ... zustehende gesetzliche Pflichtteilsrecht.
Dabei spielt es keine Rolle, wer und auf Grund welcher Verfügung von Todes wegen Erbe meines Vaters bzw. meiner Mutter werden wird.
Wir, ... und ... nehmen hiermit den vorstehenden Verzicht unseres Sohnes/unserer Tochter ... an.

II.

Wir, ... und ... tragen die Kosten dieser Urkunde und ersuchen, jedem Vertragsteil eine Ausfertigung zu erteilen.
Für das Zentralfinanzamt ..., Abteilung für Erbschafts- und Schenkungssteuer ist eine einfache Abschrift zu fertigen.

*

Ich möchte noch einmal darauf hinweisen, daß dieser Vertrag nicht zur Bereicherung anderer Erben dienen sollte, sondern ausschließlich den Verzichtenden davor schützen soll, nach dem Austritt aus seiner Gruppierung mittellos dazustehen.
Wenn keine weiteren Erben vorhanden sind, können als spätere Begünstigte eventuell soziale oder andere religiöse Organisationen als Testamentsnehmer eingesetzt werden. Es sollte aber eine dritte, unabhängige Person als Vollstrecker eingesetzt werden.
Diesen Vertrag kann man auch jenen anbieten, die schon seit einiger Zeit in einer solchen Gruppierung Mitglied sind. Es könnte ja sein, daß der Betreffende dann bei seiner Gruppe Rat sucht und, wenn diese ihm abrät, merkt, daß diese Gruppe auf sein Erbe aus ist.
In einigen Fällen, das trifft besonders auf die „Vereinigungskirche" zu, haben die jungen Leute jedoch schon klipp und klar erklärt, daß ihr Erbe einmal der Sekte zufließen solle. Nicht geklärt werden konnte bis jetzt, ob mit dem Fall zu rechnen ist, daß spätere Erbansprüche schon einer Gruppierung abgetreten worden sind. Ist dies der Fall, kann man mit dem Betreffenden trotzdem einen Pflichtteilsverzichtsvertrag abschließen, da diese Übertragungen von Erbansprüchen im deutschen Rechtsbereich meines Wissens unwirksam und nichtig (‚wider die guten Sitten') sind.
Diese Verträge müssen jedoch alle vor einem Notar abgeschlossen werden, da sie sonst nicht mehr als eine unverbindliche Willenserklärung bedeuten, die jederzeit widerrufbar ist."

Ein paar Hinweise fürs Gespräch

Bei einem Gespräch mit jemandem, der zu einer anderen Glaubens- oder Weltanschauungsgemeinschaft übergetreten ist, muß man, um Mißverständnisse und Aggressionen zu vermeiden,

jedes Wort auf die Goldwaage legen. Dies um so mehr, je näher man mit dem Betreffenden verwandt ist.
Man muß beispielsweise aufpassen, daß man den anderen nicht in eine Situation drängt, in der er seine Gruppe verteidigen muß, um sich selbst zu verteidigen. Dies ist der Fall, wenn jemand sagt „Wie kann man nur so dumm sein, in ... zu gehen". An dieser Stelle muß der Betreffende zeigen, wie gut seine neue Gruppe ist und wie klug er gehandelt hat, ihr beizutreten.

Nichts bewerten! Jede Bewertung des anderen Glaubens bzw. der neuen Anschauung des anderen treibt höchstens einen Keil zwischen die Gesprächspartner. Der andere ist beispielsweise sicher, daß allein seine positive Bewertung „sachlich" sei. Er sieht nicht, daß seine Bewertung nicht verstandesmäßig, sondern gefühlsmäßig ist und daß die Argumente, die für ihn einleuchtend sind, seinem Gesprächspartner nichts bedeuten können. Fühlt er seinen neuen Glauben herabgesetzt, fühlt er sich sofort persönlich mitbewertet. Tatsächlich können wir die Motive, die zu dem neuen Glauben geführt haben, meist nicht verstehen. Wir müssen sie erst kennenlernen. Hätten wir sie gleich erkannt, hätten wir schon lange vorher „entgegensteuern" können. Das heißt, wir hätten dafür sorgen können, daß eine solche Entwicklung nicht eintritt.

Seinen eigenen Standpunkt klar herausstellen! Es ist mißlich, mit jemandem zu sprechen, der einen klaren Standpunkt (seinen neuen Glauben) vertritt, ohne daß man selber eine gewisse Festigkeit hat. Manchmal will man sich nicht „festlegen", weil man der Ansicht ist, das könnte das Gespräch verhärten. Dieser Gedanke ist sicher gut gemeint, jedoch falsch. Es ist für ein Gespräch sinnvoller, der Partner kennt meine Position und Meinung, als daß er „wie mit einer Stange im Nebel" herumtappt. Ein Sohn zu seiner Mutter: „Mit Dir kann man nicht sprechen. Das ist, wie wenn man in Wolken greift."

Nicht anklagen! Es hat keinerlei Wert, den anderen in irgendeiner Weise anzuklagen. „Was Du uns damit antust ...!" oder „Wenn Du wüßtest, wie sehr Dein Vater leidet ..." — damit wird der andere höchstens in eine Schuldsituation geführt, aus der heraus er wieder in seine Gruppe flüchten wird. Sie bietet ihm anscheinend festen Halt, klaren Ausblick und eine Entschuldigung für vieles, was die sonstige Umwelt nicht entschuldigen will.

Nicht schimpfen! Beschimpfungen sind keine Gesprächshilfen. Sie sind meist ein Ausdruck der Unbeholfenheit oder Verzweiflung (selten reine Bosheit oder Haß). Man kann auf sie bei einigem Nachdenken verzichten. Weder die andere Gruppe noch den Gesprächspartner sollte man mit Beschimpfungen bedenken.

Kritik in Fragen verkleiden! Will man Kritisches sagen, dann ist es gesprächstechnisch am besten verpackt, wenn man es in eine Frage kleidet und die Antwort wiederum hinterfragt. „Ist es so, wie es in der Zeitung stand ...?" Antwortet der andere „Nein, das sind Lügen!", kann man weiter fragen: „Woher weißt Du das? Wie kannst Du belegen, daß es Lügen sind ...?"

Absolut ehrlich sein! Eine kurzfristige Gesprächsüberbrückung oder ein „Punktgewinn" durch kleine Unkorrektheiten werden sich in den meisten Fällen später als große Niederlagen erweisen. Mit der Ehrlichkeit hat man langfristig auch eine starke Position gegen die Gruppen, deren Wahrheitsbegriff etwa mit „Gut und wahr ist, was der Gruppe nützt" beschrieben werden kann.

Die *Sprache* des Gesprächspartners *genau beobachten!* Man kann ihn dann auf jene Worte hinweisen, mit denen er meint, ein Argument gebracht zu haben, wo er in Wirklichkeit jedoch „getrickst" hat. Solche Wort-Fallen kann man „Joker" nennen. Ein Joker ist im Kartenspiel die Karte, die man an Stelle einer echten Karte einsetzen kann.

Ein paar Beispiele für solche Joker, die den anderen zum Kopfnicken und Zustimmen verführen sollen, ohne daß etwas bewiesen wurde, können am Einleitungskapitel des Mun-Buches „Die göttlichen Prinzipien" (Deutsche Erstauflage 1972, Übersetzung Paul Werner) gezeigt werden.

Die Einleitung beginnt gleich mit einem solchen Joker:

- „Alle Menschen, ohne Ausnahme, streben danach, glücklich zu werden ..." — Das ist eine pauschale, unbewiesene und höchstwahrscheinlich falsche (aber richtig klingende) Behauptung.
- „Vom Gesichtspunkt des Wissens aus betrachtet ..." (S. 8) — Was soll „der Gesichtspunkt des Wissens" sein? Doch wohl der Gesichtspunkt der Mun-Sekte.
- „Das Christentum, das seine Fähigkeit verlor, den Kommunismus an Glaubensstärke zu übertreffen" (S. 12) — klingt

richtig, aber: wieso soll das Christentum den Kommunismus an „Glaubensstärke“ übertreffen? Wer mißt so etwas und wie? Wäre es nicht besser, es überträfe ihn an Menschlichkeit?

- „Wenn der grundlegende Zweck der Religion erfüllt werden soll ...“ (S. 14) — Was ist „der grundlegende Zweck der Religion“? Jede Religion hat einen anderen „grundlegenden“ Zweck. Daß sie alle einen „grundlegenden Zweck“ hätten, den sie nach Muns Ansicht nicht erfüllen, ist Mun-Ideologie!
- „Um an etwas glauben zu können, verlangt der Mensch logische und wissenschaftliche Beweise.“ (S. 14) Glauben heißt vertrauen. Auch Liebe verlangt keine „logischen und wissenschaftlichen Beweise“. Das ist eine Verwechslung mit „wissenschaftlicher Argumentation“!
- „Der Tag muß kommen, an dem eine neue Wahrheit erscheint.“ (S. 15) Wieso? Brauchen wir wirklich „eine neue Wahrheit“? Was ist „eine Wahrheit“?
- „Wie bereits erwähnt“ (S. 16), „Wie jedoch bereits erwähnt“ (S. 18), „Wir haben bereits erklärt“ (S. 20), „Wir werden zu dem Ergebnis kommen“ (S. 21) usw. usw. — lauter Gesprächsfallen, lauter Joker. Plötzlich wird dann — durch eine Trickwendung im Gespräch — aus einer Überlegung eine Behauptung: „Wie bereits erklärt“ und dann wird der Gesprächspartner vollends vereinnahmt: „Wir werden dann zu dem Ergebnis kommen“.

Eine ähnliche Gesprächsfalle ist das bei Sektenargumentationen häufig benutzte

- „Sie müssen doch zugeben ...“ — Wieso eigentlich?

Die Beobachtung der Sprache und die höfliche, nicht bewertende, sondern hinweisende Korrektur („Nein, ich halte diesen Satz nicht für logisch, denn ...“) können davor bewahren, im Gespräch überrumpelt zu werden.

Ruhe bewahren! Nichts sollte uns, auch wenn es gerade schwer fällt, aus der Ruhe bringen. Keine Sturheit des Gegenübers, kein Fanatismus, keine Aggression, kein Schmerz um den Betreffenden. Mit Ruhe helfen wir ihm und uns am besten zu einem sinnvollen Gespräch.

Besuche

Teilweise unter dem Druck öffentlicher Meinung, teilweise zu ganz bestimmten Zwecken und in einigen wenigen Fällen auch ohne erkennbaren Anlaß, haben die Gruppen einzelne ihrer Mitglieder „nach Hause auf Besuch“ geschickt.

In solchen Fällen sind die Eltern oft besonders ratlos. Der anfänglichen Freude folgt sehr bald eine um so größere Niedergeschlagenheit, wenn die Eltern oder Angehörigen feststellen, der Betreffende ist gar nicht wirklich nach Hause gekommen, sondern er hält sich nur gastweise zu Hause auf. Seine Ansichten haben sich nicht geändert, er wirkt stur und irgendwie fremd und hat vielleicht nur ein besonderes Ziel im Auge.

So kann es im Falle von Scientology geschehen, daß der Heimkehrende nur den Auftrag hat, die Sache zu „handhaben“, wie man es bei der Scientology und bei Dianetics nennt. Er will die Unterschrift der Eltern, daß diese „nichts gegen das Studium von Scientology“ und den Aufenthalt bei dieser Gruppe einwenden. Selbst Volljährige „erbitten“ zum Erstaunen ihrer Angehörigen eine solche Unterschrift.

Die „Familie der Liebe“ schickte schon Mitglieder einfach „zum Aufmöbeln“ nach Hause. Sie kommen ohne Erklärung, sprechen nicht über ihre Gruppe und gehen so plötzlich wie sie gekommen sind. Meist neu eingekleidet und mit neuem Startkapital versehen. Es war ein regelrechter „Urlaub zu Hause“. Nicht selten stellt sich später auch heraus, daß zu diesem Zeitpunkt irgendeine Schwierigkeit in der betreffenden Gruppe bestand (Auseinandersetzung mit den Behörden beispielsweise), in die das nach Hause geschickte Mitglied verwickelt gewesen war.

Ähnliches ist auch bei der Krsna-Bewegung schon geschehen.

Bei der Vereinigungskirche erhielten vor einigen Jahren Mitglieder Weihnachtsurlaub, wurden aber schon nach wenigen Tagen „überraschenderweise“ durch einen Anruf aus der Zentrale in Camberg zurückbeordert. Vermutlich war der Urlaub auch nur für zwei bis drei Tage geplant gewesen, man wollte aber die Angehörigen nicht zu Gegenaktionen verleiten und rechnete wohl damit, daß in den „ersten Tagen“ bestimmt nichts geschehen würde.

Bei plötzlichen Besuchen eines Angehörigen der Jugendreligionen, -bewegungen und Sekten zu Hause empfiehlt es sich

zuallererst, sich keine falschen Hoffnungen zu machen, die dann nur zu Enttäuschungen führen.
Zuerst einmal sollte man den Anlaß des Besuches und den Zeitraum klären. Im Falle, daß der oder die Betreffende gekommen sind, etwas zu „handhaben“, sollte man ohne langes Zögern seine Entscheidung fällen und dem anderen mitteilen. Auch wenn dadurch der Besuch innerhalb der nächsten Stunde beendet sein sollte. Man erspart auf diese Weise beiden Teilen eine qualvolle Zeit.
Das alte Sprichwort „Schlechte Nachricht auf die lange Bank, macht Überbringer und Empfänger krank“ trifft hier voll und ganz zu.
Bei Besuchen dieser Art sollte man nicht versuchen, den Besucher über die von ihm (bzw. seiner Organisation) gewählte Zeit hinaus gewaltsam dazubehalten. Dies sollte man auch sofort am Anfang klären:

> „Wir würden uns freuen, wenn Du länger bei uns bleibst. Natürlich hätten wir es am liebsten, wenn Du ganz zu Hause bleiben würdest. Wir werden aber — wenn auch schweren Herzens — Deine Entscheidung bzw. die Entscheidung Deiner Vorgesetzten in Deiner neuen Gemeinschaft akzeptieren und Dich dann ohne Umschweife wieder gehen lassen.“

Klar gestellt werden muß aber auch, daß der Besuch nicht zu Missionszwecken (etwa unter den anderen Geschwistern) mißbraucht werden kann. Dies muß deutlich gesagt werden.
Andererseits ist es aber auch gut, wenn dem Besucher gesagt wird, daß man ihn während des Besuches seinerseits nicht missionieren will.

> „Wir wollen eine möglichst unbeschwerte Zeit miteinander verbringen und allen Streit unterlassen. Dazu gehört auch, daß wir nicht über Deine neue Religion (bzw. Deinen neuen Glauben) sprechen.“

Mißachtet der Besucher diese Regel, wird unter Umständen notwendig sein, ihn aufzufordern diese Missions- oder Handhabungsversuche einzustellen. Sollten Eltern oder Angehörige zu der Entscheidung sich durchringen müssen, ihn wieder wegzuschicken, wird er zumindest daraus zwei Dinge lernen:

1. Die Angehörigen lassen sich nicht „nur um ihn um jeden Preis zu Hause zu haben“ erpressen.
2. So überzeugend ist seine neue Lehre nun doch nicht, daß sich die Angehörigen für sie begeistern.

Man kann allerdings kein Versprechen für Dritte abgeben. Das sollte man beachten. Man wird den anderen Geschwistern nicht verbieten können, mit der Besucherin oder dem Besucher ein kritisches Gespräch zu führen. Auch die Großeltern können nicht durch Versprechen der Eltern (oder umgekehrt) gebunden werden.

Vor allen Dingen gilt: die Ruhe behalten! Auch wenn es schwer fällt.

Keine *Geschenke* von hohem Wert machen. Zu leicht könnten sie sich hinterher in Geld umsetzen lassen und einem Zweck zufließen, den man bestimmt nicht unterstützen wollte (das gilt insbesondere für Schmuck, wertvolle Pelz- und Lederkleidung, technische Geräte, teure Bücher, Sammelgegenstände wie Briefmarken, Münzen oder Antiquitäten). Selbstverständlich sollte man dem Betreffenden auch keine größeren Geldbeträge geben. Auch kleine Beträge können sich summieren (zehnmal zehn Mark ergeben einhundert DM!), weshalb sich Eltern, Großeltern und Angehörige absprechen sollten, damit nicht aus lauter in gegenseitigem Nichtwissen gegebenen Kleinbeträgen eine größere und für die Gruppe nützliche Summe herauskommt.

Rückfahrkarten sollten auf keinen Fall finanziert werden. Das muß Eltern und Angehörigen nicht zugemutet werden, daß sie für das neuerliche Weggehen ihres Kindes auch noch zahlen sollen. Vorsicht vor kleinen Erpressungsversuchen: „Wollt Ihr, daß ich bei diesem schlechten Wetter zu Fuß gehen muß?“ Einzig richtige Antwort: „Nein, wir wollen, daß Du bei uns bleibst.“

„Aber Ihr habt mir doch versprochen, mich nicht am Gehen zu hindern.“ Antwort: „Das tun wir auch nicht. Nur wirst Du für Deine Gruppe genug getan haben, daß man Dir von dort das Fahrgeld schickt.“

Das Geld auch nicht auslegen.

Eine gewisse Schwierigkeit kann auch durch das *Telefon* entstehen. In einem speziellen Fall ist ein Jugendlicher „nach Hause gekommen“ und hat dann zwei Wochen lang für die Gruppe in Abwesenheit der Eltern die Auslandstelefonate der Gruppe (auf Rechnung der ungefragten Eltern) geführt. Es stellte sich erst bei der Abrechnung durch die Bundespost heraus, daß da Gebühren in erstaunlicher Höhe angefallen waren.

Man kann das Telefon auch für einige Tage durch eine sogenannte Vollschaltung unterbrechen und auf Auftragsdienst schalten lassen. Das verursacht zwar einige Gebühren, hat aber den Vorteil, daß man vor Überraschungen sicher ist, einige Tage Ruhe hat und auch die Gruppe den Besucher nicht erreichen kann. Die Bedingungen können bei der Bundespost entweder am Schalter oder bei den Rufnummern 114 oder 0114 erfragt werden.

Gespräche während der Besuchszeit können sich mit persönlichen Fragen, mit Erinnerungen und Nachrichten über Freunde und Bekannte beschäftigen. Politik eignet sich deshalb weniger als Gesprächsinhalt, weil allzu leicht daraus ein Kampfgespräch wird, da entweder „die Weltlage“ oder bestimmte politische Ansichten von seiten der Gruppe als Einstieg für Missionsgespräche benutzt werden.

Spiele, Ausflüge und Veranstaltungen können die Tage eines Besuchs füllen. Dabei muß bedacht werden, daß Spiele um Geld den Besucher in die peinliche Lage einer Zahlungsunfähigkeit und Verschuldung bringen, was vermieden werden müßte. Je mehr Personen an einem Spiel beteiligt sind, um so besser ist es. Sinn von Spielen ist es, Freude zu empfinden und sich aufeinander einzustellen. Für Mitglieder mancher der Jugendreligionen, -bewegungen und Sekten kann dies ein neuer Lernvorgang werden.

Bei Ausflügen bieten sich Orte an, an denen man gemeinsam schon einmal eine besonders nette Zeit verbracht hat. Der Ausflug wird die Erinnerung in Gang bringen, auch ohne daß man das mit Worten hervorrufen muß. Museen, Kunstdenkmäler und schöne Naturgebiete eignen sich mehr als politische Denkmäler wie Schlachtfelder oder Erinnerungsstätten unserer jüngsten leidvollen Geschichte (vom KZ bis hin zur Zonengrenze).

Veranstaltungsbesuche werden sich nach der früheren Neigung des Besuchers richten. Vielleicht hat er vor seinem Eintritt in die Gruppe gerne Klavier gespielt, es aber dann zugunsten des Totaleinsatzes für die neuen Heilslehren aufgegeben. Hier wäre der Besuch eines guten Klavierkonzertes angebracht.

Musik ist, wo ein bißchen Verständnis dafür besteht, überhaupt ein gutes Seelenheilmittel. Das kann nicht für nervenaufreizende und besonders laute Unterhaltungsmusik gesagt werden. Diese

Art von Musik hat eine andere Abzweckung, die jedoch bei dem hier beschriebenen Anlaß nicht sinnvoll einzusetzen ist.

Partys sind für die Zeit eines solchen Besuches nicht besonders hilfreich. Gar zu leicht wird der Besucher in eine Zwangslage gebracht, die ihn fester an die Gruppe bindet. Etwa allein durch den kleinen, vielleicht gar nicht bös gemeinten Satz eines Party-Besuchers: „Schön daß Du wieder da bist, wir konnten alle nicht verstehen, daß Du zu so einer blöden Sekte gegangen bist." Es hätte auch gleich gesagt werden können: „Mensch warst Du blöde!" Der so Angesprochene muß nun seine Gruppe verteidigen, um sich damit selber zu verteidigen.

Essensregeln, die durch die Gruppe aufgestellt worden sind (Vegetarismus bei der Krsna-Bewegung usw.), sollten weder mit Gewalt mißachtet, noch krampfhaft befolgt werden.
Wird in der betreffenden Religion der Fleischgenuß abgelehnt, kann ja ein Essen auf den Tisch gebracht werden, das aus Teilen besteht, die auch zu einem für den Besucher annehmbaren Mahl zusammengestellt werden können. Beispielsweise Kartoffeln, Gemüse und Fleisch, können auch auf Kartoffeln und Gemüse verkürzt werden, wenn das Gemüse mit einer Soße bereitet ist. Auf keinen Fall darf man jemanden zum Mitessen ihm nicht genehmer Speisen zwingen. Andererseits muß man sich auch nicht unter das Joch einer solchen Gruppe beugen. „Bei uns wird so gekocht, wie immer gekocht wird. Wenn Du bei uns zu Besuch bist, erwarten wir, daß Du keine Sonderansprüche stellst. In gewissem Rahmen werden wir auf Deine Speiseregeln eingehen."
Eine „Sonderküche" ist auch dann nicht empfehlenswert, wenn der Besucher sich sein Essen selber kochen will.
Gemeinsames Essen ist eine wichtige Form des Gemeinschaftslebens. Ein Extratisch und Extraspeisen für ein bestimmtes Familienmitglied werden nur während einer Krankheit oder durch zwingende äußere Umstände (beispielsweise Arbeitszeiten oder unsinnig auseinanderfallende Schulzeiten bei Kindern) ertragbar sein. Alkohol kann auch von den übrigen Familienmitgliedern während einer solchen Besuchsfrist zurückgestellt werden.

Sehr gewarnt werden muß vor dem oft gutmütig-ärgerlichen Nötigen: „Nun trink doch mal ein Glas!" oder „Nun rauch doch mal eine!" Weder Alkohol noch Tabakwaren stehen im Ruf besonderer Gesundheitsförderung. Jemanden dazu auch noch nötigen zu wollen, ist ungut und taktlos. Versucht es ein Dritter, wird man ihm das höflich und bestimmt untersagen müssen. Auch wenn es sonst ein guter Freund der Familie ist.

Weihnachten

Die folgenden Überlegungen entstammen dem Rundbrief V/VI der „Elterninitiative ... (EI) e. V." Sie wurden ihrer Dringlichkeit wegen schon einmal in der Schrift „Die neuen Jugendreligionen, Teil 2" abgedruckt, wo sie dann bei einer Neuauflage nach Erscheinen der vorliegenden Schrift wieder herausgenommen werden.
Weihnachten ist ein Fest, das vor allem das Gemüt anspricht. An Weihnachten werden aber auch Verluste schmerzlich deutlich. Wenn ein Jugendlicher das Fest nicht mehr bei der Familie verbringt, weil er in eine der neuen religiösen Gruppierungen ausgewandert ist, betrifft das die ganze Familie und trübt die Stimmung — bis hin zu Tränen und Verzweiflungsausbrüchen. Darum darf ich mir als langjährig mit dem Problem Vertrauter und als Pfarrer erlauben, Ihnen ein paar Gedanken zum Mitdenken anzubieten:

1. Menschen gehen ihre eigenen Wege, die ihren Mitmenschen und ihrer engeren Familie oft unverständlich sind. Bewerten wir diese unverständlichen Wege nicht. Unsere Liebe und Zuneigung wird durch diese Wege nicht betroffen. Liebe ist ein Geschenk, wir geben es ihm, auch wenn der Beschenkte damit vielleicht nicht umzugehen weiß.
   Wir können dankbar sein, daß wir Liebe schenken dürfen. Die Liebe aber, heißt es in 1. Korinther 13, „eifert nicht" — sie schreibt nicht vor, wie sie aufgenommen werden „muß". Bei den Scientologen heißt es zwar „Erlaube nie, daß deine Zuneigung verunreinigt wird", doch das ist keine Liebe in unserem Sinne. Liebe „nimmt auch in Kauf".
   Schmerz und Kummer können aber, vor allem wenn sie gezeigt werden, als Vorwurf verstanden werden.
2. Wir können Gott dafür danken, daß er unsere Kinder und Angehörigen behütet hat, auch wenn sie einen derzeit von uns für falsch gehaltenen Weg gehen. Diese Fürbitte und diesen Dank kann uns kein Sekten-Führer nehmen.
3. Es gibt noch Schlimmeres. Mir haben einige Eltern geschrieben, deren Kinder einfach verschwunden sind. Sie hatten

regelrecht „Hoffnung“, daß es ein Gang zu einer Sekte gewesen sein könnte, der ihr Kind verschwinden ließ. Ich habe in einem Falle eine spätere Totmeldung erhalten, in einem anderen die Nachricht, daß die Mutter aus Ungewißheit psychisch schwer erkrankt ist.
Für diese Eltern und Jugendlichen sollten wir im Gebet miteintreten.

4. Schenken Sie Ihren Kindern etwas zu Weihnachten, von dem Sie wußten, daß sie früher sich darüber gefreut hätten.
   Auch wenn das Geschenk etwa an die anderen Mitglieder der Gruppe weitergegeben würde, lassen Sie das Ihre Schenkfreude nicht trüben. Schicken Sie Geschenksendungen, aber per Einschreiben und bewahren Sie die Einlieferungsscheine auf.
   Schicken Sie bitte kein Geld. Das dürfte in über 90 Prozent der Fälle einen unerwünschten Weg gehen.
   Selbstgebackenes eignet sich weitaus eher, Kleidungsstücke sind empfehlenswert. Vom Selbstgebackenen schicken Sie aber bitte so reichlich, daß der Beschenkte seinen Gruppenmitgliedern auch davon geben kann. Er dokumentiert damit die Liebe, die er von zu Hause empfängt und regt zum Nachdenken an.

5. Die Gründung der „Elterninitiative“ hat bei der Mun-Bewegung solche Überraschung ausgelöst, daß die Mitglieder erstmalig Heimaturlaub bekamen.
   In einigen Fällen schien das so verlaufen zu sein: Die Jugendlichen erzählten, daß sie etwa zehn Tage bleiben könnten und wurden nach drei bzw. zwei Tagen angerufen (ich glaube aus Camberg), daß sie umgehend zurückkommen müßten. Ich denke, daß man so kombiniert hat: Wenn die Eltern etwas „planen“, werden sie es erst in den letzten Urlaubstagen ausführen.
   Wir sollten einen solchen „Urlaub“ in der Tat nicht zur Gegenaktion nutzen. Zum ersten, weil diese Gegenaktionen oft gefährlich sind (vgl. Rundbrief IV/76) und zum anderen, weil damit ziemlich schnell die seltene Möglichkeit des Wiedersehens aufhören würde.
   Am besten ist es, so zu tun, als wolle man gar keine Auseinandersetzung mit der Gruppe. Ich bin der Ansicht, daß die Familienliebe auf Dauer stärker ist als der Sekten-

terrorismus eines der „heiligen Meister“ und ihrer Unterführer.

Und Ohnmacht und Hilflosigkeit sind oft das „stärkste Argument“.

Daß Gott in den Schwachen mächtig ist und wir auch in solchen Fällen unsere Sorgen auf ihn werfen können, das glaube ich fest.

6. In den Fällen, wo im Verlauf des Jahres ein Elternteil verstorben ist, halte ich es für richtig, bei Weihnachtsbesuch oder im Weihnachtsbrief (per Einschreiben! Einlieferungszettel oder „nicht angenommene“ Briefe gut aufbewahren!) sollten wir über den Verstorbenen sprechen! Zwar ohne Vorwürfe („Du hast ihm das Herz gebrochen“), aber nicht, ohne seinen Willen zu verschweigen („Sie wollte nicht, daß du diesen Weg gehst“).

7. Feiern Sie Weihnachten — wenn Sie alleinstehend sind — nicht allein. Vielleicht versuchen Familien, die das gleiche Problem haben, andere Alleinstehende, deren Kinder einer solchen Sekte sich zugewandt haben, einzuladen. Zum Gottesdienst der Gemeinde sind alle eingeladen.

Gegenbesuche?

Eine besondere Schwierigkeit ergibt sich, wenn die Mitglieder der Jugendbewegungen, -religionen oder Sekten ihre Angehörigen zu ihrer Gemeinschaft einladen.

Soll man annehmen und auf diese Weise wenigstens einen lockeren Kontakt wahren? Man ist doch so wenigstens mit dem Betreffenden einmal zusammen? Soll man sich die Sache nicht lieber doch einmal ansehen? Man hat dann einen persönlichen Eindruck und kann vielleicht besser entscheiden und urteilen.

Oder soll man hart bleiben? Dann besteht vielleicht die Gefahr, daß der Betreffende auch nicht nach Hause zu Besuch kommt und sagt: „Ihr seid nicht zu mir gekommen, nun komme ich nicht zu euch.“

Bei Scientology werden Angehörige manchmal zu Vorträgen eingeladen oder zu einem Probeauditing. Sie gelten als Missions-Ziele, weil Scientology ja der Ansicht ist, für alle Menschen Rettung zu bieten und dies auch durchführen zu können.

Die Kinder Gottes und andere Gruppen sehen in den Eltern und Angehörigen Gelegenheiten, ein bißchen was für die Gruppe zu erreichen. „Damit Gott eine Tür öffnet“, wie es einer so schön formulierte. Oder wie der Gründer MO es in einem seiner Briefe sagt:

> „Gott muß ein paar Systemiten dabei bleiben lassen, damit sie uns ihre Hosen geben und ihre letzte Mark, um uns zu füttern ... Seine Kinder müssen sich nicht mit so kleinen Dingen wie Lebensunterhaltverdienen abgeben.“ (DO 27 v. 15. 12. 70)

So kann eine Einladung den Sinn haben, „gutes Wetter zu machen“ und die Eltern freundlich und spendenwillig zu stimmen.

Andere Gruppen versuchen, die Eltern „einmal her zu bekommen. Wer einmal hier war und hier nichts kritisiert, der hat auch später nicht das Recht, Kritik zu üben.“ (AAO-Mann)

Damit wäre aber schon eine Gefahr solcher Besuche angesprochen. Der Besucher ist Gast. Höflicherweise wird er sich zurückhalten, seinen Gastgeber durch Kritik bloßzustellen. Später heißt es dann: Warum hast Du dort nicht offen Deine Kritik geäußert?

Kritik im Nachhinein wird dann als „hinterhältig“ verteufelt.

Am deutlichsten werden diese Schwierigkeiten wohl bei der Mun-Bewegung. Ziel der Gruppe ist es, die Eltern möglichst zur vollen Zustimmung zu bringen. So hat die Vereinigungskirche eine sogenannte

> „Elterngemeinschaft der Vereinigungskirche e. V.“

gegründet, bei der die Eltern Herrn Mun als Messias anerkennen sollen (ohne das manchmal im einzelnen zu merken). Ein Vater: „Ich hatte die Gelegenheit, auf diese Weise mit meiner Tochter Kontakt zu halten. Daß auf dem Bogen, den ich leichtfertigerweise unterschrieben habe, so ein hinterhältiger Satz steht, habe ich erst gemerkt, als Sie mich darauf angeschrieben haben.“ Auf den Bögen der „Mun-Elterngemeinschaft“ steht über der Unterschriftenzeile der vorgedruckte Satz:

> „Ich stimme mit den Grundlagen und Zielvorstellungen der Vereinigungskirche e. V. überein und möchte sie als Mitglied der Elterngemeinschaft unterstützen.“

Was man da nun wirklich unterschrieben hat, merkt mancher dann mit Schrecken, wenn er sich diese „Grundlagen und Zielvorstellungen der Vereinigungskirche e. V.“ anzuschauen beginnt. Bei der Unterschrift dachte man vielleicht nur daran, den Sohn oder die Tochter „endlich einmal wiederzusehen".

Etwas harmloser scheint auf den ersten Blick die Einladung zu den „Elterntreffen" oder „Elternseminaren" der Vereinigungskirche.

Da bekommt man eine Einladung mit Möglichkeit zu Übernachtungen und „Spaziergängen in die schöne Umgebung". Aber noch wichtiger und verführerischer lautet der Satz:

> „Bitte vermerken Sie auf beiliegender Antwortkarte ausführlich Ihre Wünsche und vergessen Sie nicht, den Namen Ihres Kindes anzugeben, damit es anwesend sein kann (wenn es sich in Deutschland befindet)."

Für manche ist das die erste Begegnungsmöglichkeit nach langer Zeit.

Das allgemeine Klima ist bei den Elterntreffen auf freundlich getrimmt. Der gruppeneigene Chor singt, ein bunter Abend mit Darbietungen (und gemeinsamem Singen und Schunkeln) versucht Familienatmosphäre herbeizubringen. Über der glücklichen und doch leidvollen Spannung, in Gegenwart des „verlorenen Kindes" zu sein, läßt sich die Kindischkeit der ganzen Sache leicht übersehen.

Wichtige Funktion haben dabei die Eltern, die treu zu Mun stehen. Es sind nicht viele. In einem Fall berichtet ein Vater stolz, er habe seinen Sohn erst zu Mun gebracht. Der Leiter der Elternbewegung, ein älterer Herr, hat beispielsweise keine Kinder bei der Bewegung. Trotzdem unterschrieb er einen offenen Brief mit, der mit dem Satz beginnt:

> „Als Kreis von Eltern, deren Söhne und Töchter aktive Mitarbeiter der Vereinigungskirche sind, erschüttert uns zunehmend, mit welch bösartigen Verleumdungen die Vereinigungskirche in Deutschland verfolgt wird."

Die Proklamation der Zustimmungs-Eltern trägt die Unterschriften von drei Ehepaaren (darunter der Obengenannte mit Frau) und sieben einzelne Elternteile.

Diese Eltern treten dann wiederum als Elternwerber auf. Motto: „Man kann als Mutter (Vater) ja so glücklich sein, daß der Sohn (die Tochter) in der Vereinigungskirche mitarbeitet." Oder wie eine Mutter es dann sagt:

> „Ich finde, daß es für unsere Jugend sehr gut ist, wenn sie sich in einer Organisation zusammenfindet, die sie von Al-

kohol, Drogen und freiem Sex — den großen Feinden der heutigen Menschheit — fernhält..."

Selbstverständlich wird niemand einem solchen Pauschalgerede widersprechen. Und das Nicht-Widersprechen wird im Laufe der Tagung dann immer mehr zu Zustimmung umgemünzt.

Manchmal mögen es ganz eigenwillige Überlegungen sein, die die Zustimmung erleichtern. Vielleicht wie bei Frau E. H. aus München, die der Vereinigungskirche am 5. 3. 76 für eine Veröffentlichung einen Brief zur Verfügung stellt, in dem sie ihre Zustimmung zur Mun-Bewegung begründet:

> „Ja, mein Junge veränderte sich, aber zum Guten hin. Sein langes Haar und der Bart verschwanden, und schlechte Gewohnheiten legte er ab. Durch diese Veränderung beeindruckt, fing auch ich an, die Prinzipien zu studieren."

Hat man nun die Gastfreundschaft der Vereinigungskirche einige Stunden oder Tage genossen, geht vielleicht beim Schlußessen ein vorbereiteter und in Kunstschrift geschriebener Text herum, wie der anläßlich des „1. Elternseminars" in Camberg.

> „Proklamation
> Wir Teilnehmer des 1. Elternseminars der Vereinigungskirche Deutschland vom 15. 3. bis zum 20. 3. 1976 in Camberg, Neumühle, sind von der Lehre des Rev. San Myung Mun, den Göttlichen Prinzipien, zutiefst beeindruckt und stimmen den Zielvorstellungen der von ihm gegründeten internationalen Vereinigungskirche voll und ganz zu.
> Seine Ideen zur Verwirklichung einer Weltfamilie mit Gott im Zentrum halten wir für den einzig gangbaren Weg, um Gerechtigkeit, Harmonie und Frieden in der ganzen Welt herbeizuführen.
> In großer Dankbarkeit geben wir Zeugnis ab von der herzlichen Atmosphäre und der liebevollen Fürsorge, die uns entgegengebracht wurde."

Die Schwierigkeit steckt im ersten Satz. Auch haben vielleicht nicht alle Teilnehmer des Seminars unterschrieben. Aber das Abschlußfoto wird in der VK-Zeitschrift „Neue Hoffnung" (Nr. 6 vom 30. 3. 76) mit der Unterschrift „Wir sind glücklich über die Wahrheit, die wir hier erfahren haben", veröffentlicht. Es dürfte in der Tat schwierig sein, einem Gastgeber ein Wort des Dankes zu versagen.

Noch schwieriger wird es sein, nach einer solchen Höflichkeit, die vom eigenen Kind vielleicht als Zustimmung aufgefaßt wird, später Kritik an der Gruppe zu üben. Leicht wird der Kritiker dann als „Verräter“ gebrandmarkt. Wer A sagt, muß oft auch B sagen.

Darum sind solche Besuche auf Einladung hin kein empfehlenswerter Weg, wenn man der Gruppe nicht zustimmen will.

Wer sich den Betrieb ansehen möchte, soll einfach einmal hinfahren. Nimmt man dann allerdings die Einladung zum Essen an, hat man — wenn auch in kleinerem Maßstab — dem Gastgeber ebenfalls dankbar zu sein.

Lange Zeiten hindurch hat die Menschheit gemeinsames Essen und Trinken als Zeichen der Gemeinschaft verstanden. Sprichwörter wie „Wes Brot ich eß, des Lied ich sing“ haben auch bei Minimalanlässen ihre Bedeutung.

Anders verlief der Besuch eines Vaters, dessen Tochter jahrelang in der Vereinigungskirche gewesen war und die dann nervlich schwer erkrankte:

> „Ich bin einfach nach Camberg gefahren und dort mitten in so eine Lehrstunde reingeplatzt und hab den Leuten einfach gesagt, was mit meiner Tochter passiert ist. Da war große Aufregung.“ (Bericht anläßlich der Jahrestagung der „Elterninitiative ... e. V.“, Würzburg, 30. 1. 77.)

Es ist gut, daran zu denken, daß auch ein „nettes Wochenende“ die wirkliche Einstellung der Mun-Bewegung und ihrer Anhänger (einschließlich des Sohnes oder der Tochter, oder des Partners, der sich dieser zugewandt hat) nicht ändern kann. Die Eltern gelten weiterhin als Satan zugehörige Missionsobjekte.

Sollte der Besuch bei den Kindern (oder dem Partner) zuviel alte Liebe geweckt haben, wird diese in der folgenden Zeit ganz sicher und gründlich durch die Bewegung gelöscht werden.

Inzwischen hat die Vereinigungskirche dafür gesorgt, die „Elterngemeinschaft der Vereinigungskirche“ zu einer festen Gruppe (Verein) werden zu lassen, der als Teilstück der Munbewegung angesehen werden muß. Manche Eltern sind auf diese Weise vereinnahmt worden, ohne daß sie vor hatten, Munanhänger zu werden. Ihr einziges Ziel. Kontakt mit den Kindern zu halten, die sie aufgezogen hatten und die jetzt den „wahren Eltern“ (Herrn und Frau Mun) anhängen.

Begleitbrief und Rückantwortvordruck (nächste Seite)
zu einem Mun-Elterntreffen

„Vereinigungskirche e. V.

Liebe Freunde!

Wir laden Sie herzlich zu einem unserer Elterntreffen ein, die wir am Wochenende vom 8.—9. November in unserem Trainingszentrum Neumühle bei Camberg, sowie am darauffolgenden Wochenende, am 15.—16. November, im Trainingszentrum Regelsmühle veranstalten.

Leider mußten wir dieses Treffen etwas aufschieben, da Rev. Moon ganz plötzlich Deutschland besuchte und der Feiertag dazwischen lag.

Wir schlagen vor, daß das jeweilige Hauptprogramm am Sonntagmorgen um 10 Uhr beginnt, damit diejenigen, die nicht über Nacht bleiben möchten, am gleichen Morgen noch die Möglichkeit zur Anfahrt haben.

Unser Programm sieht folgendes vor:

Allgemeine Begrüßung;
musikalische Darbietungen von unserem „New Hope"-Orchester sowie von einem unserer Chöre;
kurze Einführung in die Aktivitäten der Vereinigungskirche mit anschließender Diskussion;
allgemeiner Austausch, Spaziergänge in die schöne Umgebung.

Bitte vermerken Sie auf beiliegender Antwortkarte ausführlich Ihre Wünsche und vergessen Sie nicht, den Namen Ihres Kindes anzugeben, damit es anwesend sein kann (wenn es sich in Deutschland befindet).

Wir freuen uns, Sie bald begrüßen zu können.

Camberg, den 15. Oktober 1975

Mit freundlichen Grüßen"

Antwortkarte zum Elterntreffen

Ich werde/werde nicht am Elterntreffen der Vereinigungskirche teilnehmen.

Folgende Gäste werden mich begleiten: ....

....

....

Ich nehme an dem Treffen teil,

☐ — das im Trainingszentrum *Camberg-Neumühle* am 15./16. Mai stattfindet.

☐ Mein Anreisetag ist Samstag.

☐ Ich komme am Sonntagmorgen bis 9.30 Uhr.

☐ Ich benötige für die Nacht von Samstag auf Sonntag ein Hotelzimmer:
☐ Einbettzimmer ☐ Doppelzimmer

☐ Ich möchte in den gegebenen Unterkunftsmöglichkeiten des Trainingszentrums wohnen.

☐ Ich möchte abgeholt werden, von ....
(Bitte genaue Adresse angeben)

Mein(e) Sohn/Tochter .... gehört zur Vereinigungskirche.

Datum: .... Unterschrift: ....

Besondere Wünsche, Bemerkungen:

....

....

....

....

....

....

....

....

....

....

....

....

„*Elterngemeinschaft der Vereinigungskirche e. V.*

Name, Vorname ....

geboren am .... in ....

Nationalität ....

Familienstand .... Kinder ....

Konfession ....

Wohnhaft in ....

.... Telefon ....

Beruf ....

Bemerkungen ....

....

....

....

....

....

....

Ich stimme mit den Grundlagen und Zielvorstellungen der Vereinigungskirche e. V. überein und möchte sie als Mitglied ihrer Elterngemeinschaft unterstützen.

Ort, Datum .... Unterschrift ...."

Zustimmungserklärung der Mun-Elterngemeinschaft

Krankheitsfälle

Für den Fall, daß der oder die in die Gruppe Eingetretene krank ist, gelten andere Verhaltensregeln als für Gesunde. Werden beispielsweise regelmäßig Medikamente genommen, liegt eine Krankheit vor, die eine ständige Begleitung durch den Arzt notwendig macht, dann ist der umgehende Kontakt mit einem Rechtsanwalt notwendig.

Medikamente in die Gruppe zu schicken oder einen Brief zu schreiben mit dem Inhalt „Bitte achten Sie darauf, daß ... auch immer seine Medizin nimmt", ist nicht verantwortlich. Es kann sein, daß ein beruhigender Antwortbrief kommt, jedoch die Ratschläge nicht beherzigt werden. Manche der Gruppen glauben sich über Krankheiten erhaben und beispielsweise Scientology macht zur Auflage, daß wegen der Medikamente („Drogen") vor dem „Auditing" ein Funktionär der Gruppe gefragt werden muß. Daß dieser eine ärztliche Ausbildung hat, ist äußerst unwahrscheinlich. Außerdem haben die Scientologen und Dianetiker für manche Krankheiten eigene „Handhabungs"-Richtlinien.

Besser ist es, mit Hilfe eines fähigen und sachkundigen Anwaltes von der Gruppe umgehend zu fordern, daß die Gruppe den Betreffenden nach Hause schickt. Für den Weigerungsfall, kann der Gruppe dann deutlich gemacht werden, daß sie die Folgen zu tragen hat.

An dieser Stelle ist auf das schwierige Problem hinzuweisen, daß manche Gruppen den Versicherungsschutz unterbrechen (nicht weiterzahlen), wenn die Anhänger in ein anderes Land verschickt werden. In einem solchen Falle sind nach neuerer Sozialgesetzgebung die Eltern (die hinsichtlich der Hinwendung zu der Gruppe wegen der Volljährigkeit kein Mitspracherecht haben) voll und ganz haftbar. Sie müssen, unter Umständen auch zu ungunsten anderer Kinder, für die durch keine Versicherung abgedeckten Kosten aufkommen.

Auf diese Probleme sollten die Öffentlichkeit und die Parlamentarier immer wieder hingewiesen und angesprochen werden. In besonders schwierigen Fällen, wo die Gruppe auf Mahnungen nicht reagiert, wird eine vorübergehende Entmündigung sich nicht umgehen lassen. Wo Gefahr für Leib und Leben eines Menschen besteht, ist dieses gesetzliche Instrument einzusetzen.

Es ist die einzige Lage, in der man davon Gebrauch machen sollte.
Regreßansprüche gegen die Gruppen müßten zivilrechtlich geklärt werden. Zitat aus einem anwaltlichen Schreiben in einer Krankheitsangelegenheit:

> „Unabhängig davon, daß unsere Mandanten wie bisher selbstverständlich nur in eine Behandlung durch die bisherigen Ärzte einwilligen und für diese aufkommen, ist es unbedingt erforderlich, daß Sie die Verantwortlichen Ihrer hiesigen Stelle (Anm. die Betreffende war nicht am Zentralort der Gruppe, sondern in einer auswärtigen Zweigniederlassung untergebracht) auf diesen Sachverhalt hinweisen und dafür Sorge tragen, daß N. N. der ihrem Gesundheitszustand erforderlichen Umgebung zugeführt wird. Insbesondere muß der bereits seit längerem geplante Sanatoriumsaufenthalt unbedingt durchgeführt werden, um eine Stabilisierung im Krankheitsbild herbeizuführen.
> Unsere Mandanten sind fest entschlossen, im Falle auch nur der geringsten Außerachtlassung der für die Gesundheit ihrer Tochter erforderlichen Maßnahmen Strafanzeige zu erstatten.
> Es soll in diesem Zusammenhang gar nicht auf die Frage eingegangen werden, inwieweit Ihre Organisation auf Interessenten Druck ausübt, sondern wir weisen Sie nur auf Ihre allgemeine Fürsorge- und Hilfspflicht hin.
> Wir konnten unsere Mandanten zunächst noch davon abhalten, die gesamten Unterlagen über die Krankheit ihrer Tochter und über Ihre Organisation den Massenmedien zu übergeben. Wir sind davon ausgegangen, daß in diesem besonders gelagerten Fall eine Konfrontation im Interesse der schwer erkrankten Tochter vermieden werden sollte."

Es ist in der Tat besonders wichtig, wenn möglich an einer solchen Konfrontation vorbeizukommen. Wenn auch die Öffentlichkeit ein großes Interesse am Bekanntwerden solcher Vorfälle haben muß, so überwiegt jedoch zu Recht die Rücksicht auf die Person, um die es hier geht.

Helfereinsätze

Wenn Jugendliche durch eine anwaltliche Bemühung oder richterliche Verfügung aus einer der Gruppen herausgeholt und in elterliche oder andere vormundschaftliche Gewalt gestellt worden sind, empfiehlt sich ein Kontakt zu Helfern.

Dies werden in erster Linie Sachkenner oder Ehemalige sein, aber auch Geistliche oder andere glaubensmäßige Berater. Das ist deshalb empfehlenswert, weil bei einer Hinwendung zu einer Glaubensgemeinschaft in den meisten Fällen Glaubensfragen eine sehr wichtige Rolle spielen.

Auch dann, wenn dieser Glauben eher technisch-halbwissenschaftlich aufgezogen worden ist, wie etwa bei Scientology und von Scientology oder anderen Hubbard-Gruppen herkommenden Abspaltungen und Nachahmungen.

Doch ist bei diesem Einsatz von Beratern wichtig, daß die Anwendung der Beratung und die mögliche Wirksamkeit genau überdacht werden. Beispielsweise muß die Tätigkeit eines Beraters mindestens so geplant werden, daß nicht mit totaler Wirkungslosigkeit gerechnet werden muß.

Ein solches Beispiel von Falscheinsatz wäre es, einen Sachkenner kurzfristig nach der Heimkehr des ehemaligen Gruppenmitgliedes ins Haus zu bitten und von ihm zu erwarten, daß er jetzt einmal „alles aufdeckt“ und möglichst noch seinen Klienten „überzeugt“. Ein solcher Versuch wäre von vorneherein zum Scheitern verurteilt, weil das Gespräch mit einem Sachkenner zumindest auf einem kleinen Stück von Freiwilligkeit aufbauen muß, weil der Berater ansonsten gegen ein verschlossenes Ohr und Gemüt redet und genauso gut die Wand anpredigen könnte.

Dieses kleine Stückchen Freiwilligkeit käme etwa dadurch zum Ausdruck, daß sich der „Klient“ zu dem Berater begibt. Das kann er auch zusammen mit den Eltern oder anderen Begleitern.

Das beratende Gespräch wird aber zwischen dem Berater und seinem Besucher allein, also unter vier Augen, stattfinden. Auch muß der Besucher jederzeit das Gespräch abbrechen können. Dies sollte ihm am Anfang mitgeteilt werden. Gleichzeitig sollte der Berater erklären, warum er von seiner Seite aus dieses Beratungsgespräch führt.

Eine solche Erklärung (Motiv-Offenlegung) sollte am Anfang eines jeden Helfereinsatzes stehen. Das hat den Zweck, daß sich der, dem dieser Einsatz gilt, nicht selber ein Motiv aussuchen muß und sich dann irgendwelche egoistischen oder unguten Gründe für den Helfereinsatz ausdenkt. Vielleicht hat man ihn bei seiner Jugendreligion, -bewegung oder Sekte auf ein solches Gespräch vorbereitet und versucht, ihn dagegen „fest“ zu machen. Dabei werden dann den Helfern und Beratern meist unlautere Absichten und Motive unterstellt.

Anders als der Sachkenner, der als Berater sich einsetzt, kann ein „Ehemaliger" auch zu der zu beratenden Person gebeten werden. Sein Motiv ist es, dem Beratungsempfänger aus eigenem Erleben die unguten Seiten an der Lehre oder der Praxis der betreffenden Gruppe aufzuzeigen, um ihm die Schwierigkeiten zu ersparen, die er selber vielleicht gehabt hat.

Dabei kann ein solches Gespräch auch einen längeren Zeitraum in Anspruch nehmen.

Auch der Gesprächspartner in Glaubensfragen kann oder sollte sogar in dem Haus, in dem seine Hilfe benötigt wird, einen Besuch machen. Allerdings wird er wieder in besonderem Maße darauf achten, daß dem echten Wunsch nach Abbruch des Gesprächs auch entsprochen wird.

Es ist durchaus möglich, daß ein Wunsch nach Gesprächsabbruch mehr als Selbstrechtfertigung einzustufen ist. Dies kann man durch Fragen herauszubekommen versuchen. Beispielsweise: „Den eben begonnenen Gedanken können wir doch noch zu Ende führen?"

Ein Einsatz von regelrechten „Deprogrammern" empfiehlt sich nicht (vgl. Artikel „Deprogramming"). Besonders gefährlich und zurückzuweisen ist eine Abwendung von Psychopharmaka oder irgendwelchen willenbeeinflussenden Drogen. Helfer, die sich mit derartigen Methoden anbieten sollten, handeln kriminell. Überhaupt ist dort besondere Vorsicht geboten, wo sich Helfer gegen Bezahlung anbieten.

Folgende Grundüberlegungen können für die finanzielle Frage gelten: einem „Ehemaligen" sind auf jeden Fall die entstandenen Unkosten zu ersetzen. Der Dank kann in Form eines Geschenkes abgestattet werden. Es ist nicht auszuschließen, daß das auch einmal in Form eines kleinen Geldbetrages getan werden kann. Es sollten jedoch nur von Sachkennern und Elternvereinigungen empfohlene „Ehemalige" um Hilfe gebeten werden.

Beratern in Glaubensfragen sollte weder eine Geldgabe noch ein Geschenk angeboten oder in Aussicht gestellt werden. Der Betreffende würde dadurch nur in die peinliche Lage versetzt, es ablehnen zu müssen. Will man sich unbedingt erkenntlich zeigen, kann man das in größerem zeitlichen Abstand von der Beratung durch eine Spende an die Glaubensgemeinschaft (oder

einen von dem Berater genannten gemeinnützigen Zweck bzw. Vereinigung).
Sachkundige können in Ausnahmefällen die Unkosten, die ihnen entstanden sind, ersetzt werden. Eine Gegenleistung für den Sachkundigen sollte grundsätzlich nicht gegeben werden. Für ihn ist jeder Beratungsfall schon in sich selber ein Gewinn, weil er dadurch neue Erkenntnisse erhält.
Es können ihm aber (und sollten sogar) die zur Verfügung stehenden Quellenunterlagen (Schriften und Materialien wie beispielsweise besondere Sektenkleidung oder besondere nur in der Jugendreligion oder -bewegung benutzte Geräte) übergeben oder zumindest leihweise zur Verfügung gestellt werden.
An die Elterninitiativen oder ähnliche Bewegungen sollten Gaben, als Dank für empfangene Beratung, nur in Form von Überweisungen auf das betreffende Konto abgestattet werden.

Niemals Bargeld in einen Briefumschlag einlegen! Wenn dies geschehen ist, einen Beleg fordern, der steuerrechtlich anerkannt wird! Keine Zahlungen auf Konten von Privatpersonen!
Zahlungen grundsätzlich nur auf die offiziellen Konten juristischer Personen (wie eingetragene Vereine, Körperschaften des öffentlichen Rechts)!
Zahlkarten mit aufgedrucktem Steuervermerk sollten zuvor angefordert werden, damit sich ein besonderer Spendenbeleg erübrigt.
Solche Überlegungen sind deshalb notwendig, weil sich in außereuropäischen Ländern Beispiele dafür gezeigt haben, daß sich obskure „Helfer", in einigen Fällen sogar „gegen Voreinzahlung" bestimmter Beträge, angeboten haben.
Tauchen derartige Hilfsangebote auf, sollte sofort bei den öffentlich bekannten Beratern oder den Elterninitiativen nachgefragt werden. Es könnte sogar der Fall eintreten, daß die eine oder andere der Gruppen, die Gegenstand der Betrachtung sind, mit „Helfereinsätzen" Eltern oder Angehörige irreführen oder einschüchtern will.

Elterninitiativen

Mit dem Auftauchen der neuen Jugendreligionen haben sich in vielen Ländern Elterninitiativen gebildet.
Zuerst ist dies in den USA geschehen, weil dort die Gruppen zuerst ihre Wirkung entfaltet haben. Warum das so ist, wurde in dem Heft „Die neuen Jugendreligionen" kurz dargelegt.

In Amerika scheint es zuerst die Gruppe „*Freecog*" gewesen zu sein, die die von den Kindern Gottes (Children of God = COG) bekehrten Jugendlichen frei (free) machen wollte.

Die Adresse der *FREECOG-National* lautete 1972:

15700 Whitcomb, Detroit, Michigan 48227.

Über diese Gruppe schreibt „Ruhrwort, Wochenzeitung im Bistum Essen", Ausgabe 18 vom 4. 5. 1974:

„Diese Eltern sind ... amerikanische Bürger, die bestürzt und erregt sind über den Zulauf, den wunderliche Heilige, asiatische Gurus und Sektenprediger aller Arten unter einem Teil der amerikanischen Jugend finden."

Bald hatte man erkannt, daß diese Schwierigkeiten nicht nur durch die Kinder Gottes auftraten, sondern auch durch andere Gruppen — man spricht in Amerika von „Cults" (Kulten) — hervorgerufen wurden:

Ausbildungsabbruch, volle Besitzübergabe, Unterbrechung aller Beziehungen zu den Angehörigen und Freunden, völlig verändertes Verhalten bis hin zur vollen Persönlichkeitsveränderung, ja sogar Teilnahme an ungesetzlichen Handlungen zugunsten der Gruppen bzw. Cults.

In Deutschland bürgerte sich der Begriff Jugendreligionen ein, der zeigen soll, daß besonders Jugendliche von diesen Gruppen angezogen werden.

Im August 1975 wurde dann durch den Rabbi Maurice Davis die besonders auf die Unification Church (Vereinigungskirche) des San Myung Mun ausgerichtete Organisation

Citizens Engaged in Reuniting Families (C.E.R.F.)

gegründet. Der Name bedeutet „Bürgervereinigung zum Zwecke der Familien-Wiedervereinigung".

P.O. Box 112-H, Scarsdale, N.Y. 10583
Telefon: 001-914-761-7668

Das Programm der C.E.R.F. entspricht weitgehend dem, das von allen verantwortlichen Elterninitiativen in etwa aufgenommen worden ist. In vier Bereichen bietet C.E.R.F. Hilfe an:

1. Es soll den Eltern geholfen werden, in deren Familien durch den Übertritt eines Kindes in die Gruppe Verwirrung gekommen ist.
   - Durch Ratschläge, wie es den Eltern am besten möglich ist, mit ihren Söhnen und Töchtern in der Gruppe Kontakt zu halten.

- Durch das Angebot von Rechtsbeistand.
- Sie bieten sich als Beratungsstelle für Eltern an.
- Eltern sollen laufend über die Gruppe informiert werden.
- Es soll geholfen werden, daß sich Eltern mit dem gleichen Problem in einem bestimmten Bereich kennenlernen, um so Kontakt miteinander zu halten.

2. C.E.R.F. will jungen Menschen beistehen, die Gruppe zu verlassen.
   - Die Jugendlichen sollen so umfangreich als möglich beraten werden.
   - Mit dem Problem vertraute Psychiater und Psychologen sollen vermittelt werden.
   - Will „Ehemalige" auch nach dem Verlassen der Gruppe beraten und ihnen helfen, in Kontakt mit anderen zu bleiben.
   - C.E.R.F. versucht die Freigekommenen mit jenen zusammenzuführen, die gerade befreit wurden (um auf diese Weise beim Loskommen von der Gruppe, d. h. bei der „inneren Befreiung", zu helfen).
   - C.E.R.F.: „Wir suchen deren Hilfe und Wissen gegen Mun und seine Bewegung zu nutzen."
3. C.E.R.F. will die Öffentlichkeit über die Gefahren der Gruppe aufklären.
   - Durch Unterstützung der Massen-Medien mit Informationen und Material bei deren „fortwährender Entlarvung" der Gruppe.
   - Durch Hilfe für freischaffende Journalisten und ermittelnde Reporter.
4. C.E.R.F. will die Behörden bei der Untersuchung der Mun-Bewegung und ihrer Aktivitäten unterstützen.
   - Durch fortlaufende und korrekte Informierung über die „Kirche, ihre Aktivitäten, ihre Geschäfte und ihre Außen-Organisationen" (gemeint sind hier: Internationale Kultur-Föderation, Little Angels usw.).
   - Durch vollständige Zusammenarbeit bei offiziellen Untersuchungen.

Ebenso wichtig ist jedoch, daß C.E.R.F. sagt, was sie nicht wollen.

1. Abgelehnt wird eine Teilnahme an der gewaltsamen „Befreiung" von Jugendlichen aus der Gruppe.
2. Abgelehnt wird eine Teilnahme an jeder Art des „Deprogramming" (vgl. Abschnitt „Deprogramming?").

4. Abgelehnt wird jede Teilnahme an einer ungesetzlichen Aktivität.
5. Abgelehnt wird jede Verletzung der Rechte, die Mun und seiner Gruppe nach bürgerlichem Gesetz zustehen.

Gerade diese Abgrenzung ist wichtig und kann Eltern und Elterninitiative davor bewahren, im Überschwang der Gefühle und in der berechtigten Verärgerung über die Gruppe einen falschen Weg der Gegenarbeit zu beschreiten.

In Minneapolis/Minnesota hat sich die sehr aktive Initiative der „Free Minds and Freedom of Religion“ zusammengefunden.

Free Minds, Inc.,
P.O. Box 4216, Minneapolis/Minnesota 55414, USA

„Free Minds“ steht in engem Kontakt zu den deutschen Elterninitiativen.

In Lincoln, Massachusetts, besteht die Initiative

Return to Personal Choice
P.O. Box 159, Lincoln, Massachusetts 01773.

Eine der führenden Persönlichkeiten dieser Gruppe ist der in Fragen der Persönlichkeitsveränderungen durch solche Gruppen überaus erfahrene

Dr. John G. Clark, Stellvertr. Professor für Psychiatrie (an der Harvard Medical School und dem Massachusetts General Hospital), Diplom-Psychiater, Mitglied des American Board of Psychiatry and Neurology.

Clark ist durch seine wissenschaftlichen Arbeiten über die psychischen Schädigungen durch Sekteneinwirkung bekannt geworden.

Andere Bürger- und Elternorganisationen sind in den USA die

International Freedom Foundation
P.O. Box 48, Ardmore, Pa. 19003
President: Ben Roeshnan; Vice-President: Samuel Lieberman

und die

Citizens Freedom Foundation
P.O. Box 256, Chula Vista, Calif. 92012 oder
Box 7000-89, 1719 Via El Prado, Redondo Beach, CA. 90277;
Box 7000-89, 1719 Via El Prado, Redondo Beach, CA. 90277.

Die letztere Organisation arbeitet eng mit „Free Minds, Inc.“ zusammen (siehe oben).

Eine reine „Deprogramming“-Gruppe ist die

Lightening News
P.O. Box 755, National City, Calif. 19055.

Gründer und Leiter dieser Gruppe ist Ted Patrick, der das „Deprogramming“ berufsmäßig betreibt. Er ist — vermutlich durch eine von einer der Gruppen gestellte Falle — einer ungesetzlichen Handlung bezichtigt und wegen eines Vergehens gegen Persönlichkeitsrechte bestraft worden.
Es soll aber noch einmal daran erinnert werden, daß die wichtige Elterninitiative C.E.R.F. das Deprogramming ebenso ablehnt wie dies die französischen Elterninitiativen und die deutsche EI e. V. tun.

Andere Möglichkeiten zeigt die

Freedom of Thought Foundation
Tucson, Arizona 85722

auf, deren Vorsitzender, der Rechtsanwalt Michael Trauscht, über das Postfach 3696 zu erreichen ist. Über diese Gruppe berichtet die „International Herald Tribune“ am 11. 1. 1977:

> In Tucson (Arizona), unweit der mexikanischen Grenze, ist ein Rehabilitierungszentrum für Mitglieder der neuen Jugendreligionen gegründet worden, und zwar durch Michael Trauscht (28), einem Anwalt, der zugleich der *Freedom of Thought Foundation* vorsteht, Wayne Howard, einem Anwalt aus Phoenix (Arizona), dem bekannten, aus England kommenden Deprogrammer Joe Alexander sen., seiner Frau Esther und Joe jr., die in Tucson das Deprogramming durchführen. Ziel dieses Programmes ist „reality-inducing therapie“ (Therapie, die wieder zur Realität führen soll). Trauscht und Howard führen das Rehabilitierungsverfahren mit Hilfe der Gerichte durch, indem sie durch die Gerichte eine elterliche Vormundschaft für ein Sektenmitglied ohne Rücksicht auf dessen Alter bewirken, und zwar aufgrund eines Zeugnisses von Psychologen, Ärzten, früheren Sektenmitgliedern und oft nur der Eltern für einen Zeitraum von 30 Tagen. Das legale Instrument wird gewöhnlich „temporary conversatorship“ genannt. Die Erfolgsrate in dem Rehabilitierungszentrum beträgt, seit es die legale Möglichkeit gibt, 96 Prozent. Die Kosten sind sehr hoch. 3000 bis 5000 Dollar Gebühren für das Verfahren. Zusammen mit den Deprogram-

ming-Kosten (Miete, Verpflegung, Telefonate usw.) kann die Summe auf bis zu 25 000 Dollar anwachsen.

In Kalifornien arbeitet eine Gruppe von jungen Leuten, die sich Aufklärung und Gegenarbeit (durch glaubensmäßige Überzeugung und nicht durch Deprogramming) zum Ziel gesetzt haben. Es ist

Spiritual Counterfeits Project — Berkeley Christian Coalition
P.O. Box 4308, Berkeley, Calif. 94704.

Wer die englische Sprache beherrscht, kann sich gegen geringe Kosten von dort wichtige Informationsmaterialien (Flugblätter, Tonbänder, Schriften) schicken lassen.
Einen übernationalen Zusammenschluß der US-amerikanischen Elterninitiativen gibt es bislang nicht. Doch hat sich eine Vereinigung gebildet, die als eine solche fungieren kann und es auch schon tut. Es ist die

American Family Union, Inc.
P.O. Box 343, Lexington/Mass. 02173

Die AFU ist hervorgegangen aus einem „Ad Hoc Committee of Concerned Parents", das sich gegen die 1978er „ICUS" (International Conference for the Unity of Sciences) der Vereinigungskirche richtete.

In England hat sich eine Gruppe mit dem Namen

Family Action Information and Rescue (F.A.I.R.)
Mrs Mandy Vane, 14 Burleigh Street, London W.C. 2

gebildet. Sie setzt sich vor allem mit der Mun-Bewegung auseinander. F.A.I.R. wurde Anfang 1976 gegründet

> „um den Einfluß von San Myung Muns Netz von über 80 Organisationen, die unter der Schirmherrschaft der sogenannten Vereinigungskirche stehen, zu bekämpfen".

Von betont christlicher Seite her setzt sich mit den neuen Jugendreligionen auseinander

Deo Gloria Trust
5. London Road, GB-Bromley/Kent, BR 1 BZ, England.

Der Gloria Trust hatte sich zuerst hauptsächlich mit den Kindern Gottes beschäftigt.

In Frankreich wird die Arbeit durch die in Europa wohl am frühesten entstandenen Elterninitiativen der

Association pour la Defense de la Famille et de l'Individu (A.D.F.I.)
13, Rue Vaubecour, F-69002 Lyon (Nationalkomitee);
Mme Ovigneur, 4, rue Bourgnone, F-59000 Lille (Präsidentin) getan.

Mme Ovigneur ist die Präsidentin der A.D.F.I. Regionalgruppen der A.D.F.I. bestehen in mehreren Großstädten Frankreichs, so in Bordeaux, Lyon, Paux, Paris, Rennes, Toulouse. In einem der ersten Rundschreiben stellt sich die A.D.F.I. vor:

„Die A.D.F.I. wurde gegründet, um Eltern und Jugendliche vor dem zerstörerischen Handeln politisch-religiöser Sekten zu schützen."

Zuerst war die A.D.F.I. hauptsächlich auf die Mun-Bewegung eingestellt. Inzwischen sind aber andere Gruppen wie Scientology, Familie der Liebe (Kinder Gottes), Hare Krisna-Bewegung, Melchior-Brüder und „Jean Michel et son Equipe" ebenfalls in die Arbeit der A.D.F.I. mit einbezogen worden.

In Belgien besteht eine Schwesterorganisation
A.D.I.F., Mme Nyssens, 8 Hertogenweg, B 1980 Tervuren.

In Dänemark kümmert sich eine christliche Gemeinschaft um die „Meditationsopfer", wie man dort sagt (weil die ersten Fälle hauptsächlich aus Folgen fernöstlicher Meditationsweisen bestanden).

Unter der Leitung von Professor Johannes Aargaard von der Theologischen Fakultät der Universität Aarhus hat sich
Den aabne Familie (die offene Familie)
zusammengefunden. Sie ist hervorgegangen aus der Arbeit des
Det oekumeniske Center Aarhus, Katrinebjergwej 52, DK-8200 Aarhus.

Die „offene Familie" will in der Nähe von Aarhus eine kleine Siedlung errichten, in der ehemaligen Mitgliedern der Jugendreligionen und Meditationsbewegungen eine Wiedereingliederung in das tägliche Leben ermöglicht werden kann.

In Deutschland entstand im September 1975 in München die
Elterninitiative zur Hilfe gegen seelische Abhängigkeit und religiösen Extremismus (EI) e.V.
Postfach 874, 8000 München 1, Vors.: Pfr. F.-W. Haack, Stellv. Vors.: Dipl.-Theol. Hans Löffelmann (Adressen: Seite 83).

In ihr haben sich Angehörige von Mitgliedern der Jugendreligionen aus der ganzen Bundesrepublik, aus Österreich und der Schweiz zusammengefunden mit Mitarbeitern der Kirchen, Pädagogen und Juristen.
Hauptanliegen sind:

- Kontakte unter Betroffenen herzustellen;
- Mitgliedern der Gruppen auf Wunsch bei der Rückkehr zu helfen;
- Information der Öffentlichkeit;
- Auseinandersetzung mit den Gruppen und ihren Ansprüchen;
- Beratung von Betroffenen und Interessierten.

Eine Selbstdarstellung der EI findet sich in „Die neuen Jugendreligionen, Teil 2“ (Evang. Presseverband, München).
Eigene Initiativen, die sich teilweise mit speziellen Jugendreligionen befassen, gibt es in mehreren deutschen Städten (bezüglich der „Kinder Gottes“ beispielsweise in Hannover, Mettman und Oberhausen). Die Adressen können über die EI e.V. erfragt werden.
Einige der Elterngruppen haben sich mit Politikern und anderen engagierten Einzelpersonen zusammengeschlossen in der

Aktion für geistige und psychische Freiheit,
Postfach 11 31, 5300 Bonn 1

Diese Aktion hat eine „Dokumentation über die Auswirkung der Jugendreligionen in Einzelfällen“ (Bonn, Februar 1978) erstellt.

In Österreich hat sich inzwischen ebenfalls eine Elterngruppe zusammengefunden. Die Adresse kann erfragt werden beim

Pastoralamt der Erzdiözese Wien, Sektenreferat,
Frau Dr. Valentin, Stephansplatz 6/VI/46, A-1010 Wien.

Gegenaktivitäten der Jugendreligionen

Wenn Angehörige von Mitgliedern der Gruppen oder andere Interessierte sich kritisch äußern, geschieht es häufig, daß sie ihrerseits von den Gruppen heftig angegriffen werden.
Scientology bezeichnet kritisch eingestellte Angehörige als „Unterdrückerische Personen“ oder „SPs“ (von „supressive person“), die „gehandhabt werden müssen“. Solche Handhabung kann beispielsweise in einer radikalen Trennung bestehen. Sie kann auch zu Belästigungen der Kritiker führen.

Wer mit einem „SP“ in Kontakt steht, wird von Scientology dafür gleichsam bestraft. Er wird zum „PTS“ erklärt (Abkürzung von „potential trouble source“ = potentieller Ärgernisverursacher). Solange jemand PTS ist, kann er nicht voll am Heilsprogramm der Scientology teilnehmen. Da er das aber für eine schwere Gefährdung seiner Zukunft hält, richtet sich sein Ärger gegen die Angehörigen, die ihm angeblich „dies zugefügt“ hätten.
In manchen Fällen werden kritisch eingestellte Eltern auch von sogenannten Tarn- und Lobbygruppen der Sekten attackiert. In Deutschland ist aus scientologischen Aktivitäten beispielsweise eine „Union für Humanität gegenüber Religionen und Minderheiten“ hervorgegangen, die sich später in „Gesellschaft zur Förderung religiöser Toleranz und zwischenmenschlicher Beziehungen“ umbenannte. Die gleiche Institution heißt in der Schweiz „Informationskreis Religionen“ und in den USA gibt es eine sogenannte „Association for the Preservation of Religious Liberty“ (APRL). In allen Fällen scheinen die Aktivitäten von der gegenüber Kritikern besonders aggressiven „Scientology“ ausgegangen zu sein. Allerdings haben sich in diesen Gruppen heute auch die anderen Jugendreligionen mit zusammengefunden, sowie einige wohlmeinende, über die wahren Hintergründe nicht informierte Nichtmitglieder. Letztere glauben, durch ihren Einsatz der durch die Kritik angeblich gefährdeten religiösen Freiheit zu dienen. Dabei übersehen sie, daß die Gruppen zu den schärfsten Kritikern anderer weltanschaulicher und religiöser Einstellungen als den eigenen gehören.
Wer von einer dieser Gegenaktivitäten der Sekten betroffen ist, sollte sich sofort an die Elterninitiativen oder an Vertreter aus Politik oder Beauftragte seiner Kirche um Hilfe wenden. An die kirchlichen Beauftragten kann sich selbstverständlich auch wenden, wer keiner (oder einer anderen) Religionsgemeinschaft angehört.

Psychomutation

Eine der erschreckendsten Folgeerscheinungen bei den Jugendreligionen und -bewegungen ist die völlige Wesens- und Sinnesveränderung, die bei den neugeworbenen Mitgliedern oft festzustellen ist.

So schreibt eine Mutter, deren Sohn zur Krsna-Bewegung gegangen war: „Er ist für uns gar nicht mehr ansprechbar. Auch ist sein Wesen so verändert, daß er gar nicht zu verstehen scheint, was wir ihm zu sagen versuchen. ... Und als wir ihn nach später gefragt haben, hat er geantwortet: ‚Später — das gibt's für mich überhaupt nicht mehr.' Wir fürchten, daß das wirklich stimmt." Ein Vater schreibt über seinen Sohn, der Scientologe geworden ist:

> „Wir selbst gehören zu den leidgeprüften Eltern, die ihren besten und begabtesten Sohn an diese unheimliche Sekte verloren haben. Mit der Note 1,3 in der Bewertung ist er mitten im Chemiestudium zu dieser Sekte gegangen und ist seit fünf Jahren dabei, die höchsten Stufen zu erklimmen, die es dort zu vergeben gibt. Obwohl er selbst aufgrund seiner Leistungsfähigkeit der Gesellschaft Zehntausende eingebracht hat, als Kursleiter und Auditor, lebt er selbst noch nach fünfjähriger Tätigkeit unter dem Existenzminimum, wofür eine Entlohnung bei mehr als 70 Wochenstunden und gänzlich ohne Urlaub für die verflossenen fünf Jahre mit ungefähr 600 DM brutto pro Monat eine unmißverständliche Sprache spricht..." (August 1977)

Das Leiden der Betroffenen hört jedoch mit dem Ausscheiden aus einer dieser Sekten oft nicht auf. Viele der ehemaligen Mitglieder sind für ihr ganzes Leben gezeichnet.

Eine Zwanzigjährige, die sich nach nur einem halben Jahr Mitgliedschaft von den Kindern Gottes lösen konnte, meinte resignierend, es habe „doch keinen Sinn", das Abitur nachzuholen, „weil ich ja bei den Systemiten doch nichts mehr werden kann". Als „Systemiten" bezeichnen die Kinder Gottes alle Nichtmitglieder, vor allem aber die, die durch Arbeit und Engament zu Verbesserung und Erhaltung unserer Welt beitragen.

Oft sind die ehemaligen Mitglieder auch durch den Aufenthalt bei der Gruppe seelisch krank geworden. (Vgl. „Die neuen Jugendreligionen — Teil 2", Kapitel „Was geschieht danach?") Solche Wesens- und Sinnesveränderung werden von den Angehörigen mit großem Erschrecken festgestellt.

Die Gruppen erklären das als Folge der Begeisterung und eines „standhaften Glaubens". Einer der Funktionäre äußerte sich gegenüber dem Autor etwa folgendermaßen:

„Sie werden das nie verstehen können. Sie kennen solchen festen Glauben weder bei sich noch bei den Mitgliedern Ihrer Kirche. Unsere jungen Leute haben erkannt, was notwendig und wahr ist. Wer einmal erkannt hat, wie wenig Zeit uns noch bleibt, etwas zu tun, für den ist alles andere nebensächlich. Auch Beruf und Familienmitglieder, die ihn aus Unverstand oder Egoismus zu behindern versuchen. Was Sie für Fanatismus halten oder für Gehirnwäsche, ist nichts als fester Glaube, der auch was tut. Und wer das erkannt hat, der verändert sich auch. Das ist doch ganz normal." (Gedächtnisprotokoll, Juni 1977)

Von *Gehirnwäsche* war keine Rede gewesen. Eine Gehirnwäsche liegt bei den neuen Jugendreligionen nicht vor. Gehirnwäsche bricht einen vorhandenen Glauben oder eine vorhandene Ansicht und setzt einen anderen Glauben oder eine gegenteilige Ansicht an deren Stelle. Das geschieht bei den Jugendreligionen nicht. Niemand wird zum Hingehen gezwungen, wenn auch die Werbung manchmal etwas drängerisch und beinahe nötigend ist. Es sind nur ganz wenige Fälle von gewaltsamem Festhalten bekannt geworden. In jedem Falle waren es dann langjährige Mitglieder, die viel über die Gruppen wußten und sie verlassen wollten, die man festzuhalten versuchte. Mag sein, daß in solchen Fällen auch einmal etwas Ähnliches wie eine Gehirnwäsche versucht worden ist.

Im großen ganzen haben wir es aber mit dem Vorgang der *Seelenwäsche*, nicht mit der Gehirnwäsche zu tun.

Als Seelenwäsche wird jener Vorgang beschrieben, daß jemand sich freiwillig in eine Gruppe begibt und dort durch ständige Belehrung (Indoktrination) und bestimmte (meist bewußt eingesetzte) Techniken wie Schlafentzug, künstlich erzeugte Notumstände (viele Personen auf engem Raum, Schlafen unter erschwerten Umständen, völlige Ausfüllung der Zeit, so daß keine Zeit zur Muße bleibt usw.) von der Außenwelt isoliert wird. Vor allem wird durch die Seelenwäsche eine völlige Kritiklosigkeit sowie ein starker Widerwille gegen jede Kritik an der neuen Gruppe, ihrem Führer, ihren Lehren, Zielen und Unternehmungen erreicht.

Ein wesentlicher Bestandteil der Seelenwäsche ist auch die Zielveränderung, d. h. die *Ausrichtung auf „weltweite Ziele"* und die *gleichzeitige Verdrängung der Nahziele.*

Beispiel: „Du wirst doch jetzt nicht so egoistisch sein, auf eine Berufsausbildung für Dich zu pochen, wenn Du der ganzen Welt helfen mußt“ oder „Es geht doch nicht nur um Deine Eltern, sondern um die gesamte Menschheit. Wenn Du Dich für die gesamte Menschheit einsetzt, dann tust Du das auch für Deine Eltern. Ob die das jetzt verstehen oder nicht.“

Tatsächlich sind junge Menschen, die die Seelenwäsche einer dieser Jugendreligionen hinter sich haben, oft vollkommen verändert. Sie wirken nicht mehr wie sie früher gewirkt haben. Sie reden anders, handeln anders, selbst ihr Blick und ihr Lächeln wirkt verändert. Sie wirken programmiert.

Dieses Geschehen, insbesondere die Folgen einer solchen Seelenwäsche ist als *Psychomutation* beschrieben worden.

Die folgende Schilderung ist dem Einführungstext einer Unterrichtshilfe (Folien für die Tageslichtprojektion) „Psychomutation / Erzwungene Persönlichkeitsverwandlung — Jugendreligionen/ Ideologien/Sekten — Identitätsaustausch durch Lehre und Organisation“ (Evang. Presseverband München, 1978) entnommen.

„Diese hier *Psychomutation* genannte Persönlichkeitsveränderung ist das Ergebnis eines bestimmten Prozesses, der nur in der ersten Stufe wirklich in der Entscheidungsgewalt des Betroffenen liegt. Dann nämlich, wenn er sich überlegt „Gehe ich dorthin, oder nicht“. Die späteren Abläufe liegen weitgehend nicht mehr in der Hand oder im Ermessen des Behandelten.

Der Vorgang kann am deutlichsten von seinen Folgen her beschrieben werden. Es zeigt sich, daß folgende Ergebnisse in mehr oder weniger großer Dichte vorzufinden sind:

a) Eine absolute Neuausrichtung der eigenen Existenz nach bislang nicht gekannten oder verwendeten Grundsätzen.

b) Eine völlige Umstellung des Verhaltens gegenüber der Umwelt. Sie wird nicht mehr als Ort der eigenen Existenz, sondern ausschließlich als feindliche und unbedingt zu verändernde Gegenwelt verstanden und behandelt.

c) Radikalisierungen in vielen Lebensbereichen und -vollzügen (Beispiel: radikaler Vegetarismus; absolute Trennung von bestimmten Dingen — beispielsweise Ablehnung jeder Ausbildung außerhalb der Gruppe).

d) Vollkommene Unterordnung der eigenen Urteilsfähigkeit und des Urteilswillens unter eine andere Autorität (Person oder System).

e) Eine Art „Festungskomplex", der darin besteht, daß man möglichst nur in der Nähe und Gemeinschaft von Gesinnungsgenossen leben will (in einem Ashram, einer „Familie", einer Kommune usw.).

f) Enge Bindung, bis hin zur völligen Abhängigkeit, an einen als oberste Autorität in allen Lebensfragen angesehenen Leiter, Führer, Guru oder dessen Stellvertreter oder Beauftragten. Seine Weltsicht und seine Handlungsmodelle werden unkritisch übernommen und gegen Kritik nahezu fanatisch verteidigt.

g) Der Vorgang läuft in relativ kurzer Zeit ab. Diese Kurzfristigkeit ist sogar ein entscheidendes Merkmal des Vorganges der Psychomutation.

Dazu kommt eine weitere Besonderheit. Mit der vorbeschriebenen Psychomutation stellt sich die Fähigkeit ein,

h) andere in relativ kurzer Zeit mit der eigenen ausschließlichen Gewißheit anstecken zu können und seinerseits psychomutatorisch zu wirken.

Der Begriff der „Bekehrung" wäre für diesen Vorgang unangebracht. Ebenso kann hier nicht von einer normalen Persönlichkeitsveränderung gesprochen werden. Aus diesem Grund wurde der Vorgang mancherorts anders bezeichnet. So spricht der amerikanische Psychiater John G. Clark jun. von der Harvard Medical School vom „Phänomen der erzwungenen und fortlaufenden Bekehrung". Häufig wird undifferenziert von „Gehirnwäsche" geredet. All dies trifft u. E. den Kern der Sache nicht. Bekehrung kann nicht erzwungen werden. Und Gehirnwäsche stellt nur *eine* Form des Eintritts in den hier beschriebenen Vorgang dar.

In den meisten Fällen, was die Jugendreligionen und die ihnen verwandten Gruppen betrifft, kann auch deshalb von Gehirnwäsche nicht die Rede sein, da die Neulinge aus eigenem Antrieb sich den Gruppen zuwenden und Gewalt nicht angewendet wird.

Psychomutation vollzieht sich in bestimmten aufeinanderfolgenden Schritten:

a) durch Faszination,

b) durch Zerstörung der personalen Sicherheit,

c) durch Aufbau einer neuen Identität."

Deprogramming

Ein Vater, der den Zustand seines Sohnes nach einer solchen Psychomutation schilderte, beschrieb ihn: „Wie ein Roboter mit einem fremden Programm" und fügte dann später an: „Wenn man das nur irgendwie verändern könnte."

Damit beschreibt der besagte Vater, ohne es zu wissen, die Grundausrichtung des sogenannten *Deprogramming*. Deprogramming meint die Entprogrammierung, die Löschung eines Programms — in diesem Fall des Programms, das Jugendreligionen oder Sekten ihren Mitgliedern einprogrammiert haben.

So besehen könnte man jede Handlung Deprogramming nennen, mit der versucht wird, jemanden von der Gruppen- oder Sektenüberzeugung bzw. -programmierung zu befreien.

In den USA und in England wird unter Deprogramming jedoch ein ganz deutlich umgrenzter Veränderungsversuch verstanden.

Dazu müssen die Jugendlichen (oder andere Sektenmitglieder) zuerst einmal völlig von der Gruppe getrennt werden. Die „Freedom of Thought Foundation", Tucson, Arizona, versucht das mit Hilfe gerichtlicher Verfügungen. Den Angehörigen wird für eine bestimmte Zeit die Vormundschaft übertragen. Während dieser Zeit können sie den Aufenthaltsort der betreffenden Person bestimmen. In diesem Fall wird dann eine „Deprogramming-Farm" bestimmt, wo ausgebildete Deprogrammer die erwünschte Entprogrammierung vornehmen. Es muß gesagt werden, daß nicht wenige der entprogrammierten Jugendlichen ihren Eltern später dankbar sind, daß sie diesen Schritt gewagt haben.

In anderen Fällen wird versucht, die zu deprogrammierende Person ohne Gerichtsbeschluß, mit Hilfe von List oder Gewalt von der Jugendreligion, -bewegung oder Sekte zu trennen, um sie zum Deprogramming zu bringen. Es ist ja nicht in allen Fällen so, daß die Gerichte eine vorübergehende Vormundschaft verfügen. Die Deprogrammer haben irgendwo eine Wohnung oder eine andere Unterkunft gemietet, die nicht verlassen werden kann.

In einem sogenannten „Handbuch des Deprogrammers" werden als Deprogrammierungstechniken genannt: Nahrungs- und Schlafentzug, Reizüberbeeinflussung, Nacktheit, exkrementelle Verunreinigung der Bilder des Sektenführers und u. U. sogar Sexualkontakte. Das wäre, wenn es stimmen würde, verbrecherisch.

Tatsächlich handelt es sich beim „Handbuch des Deprogrammers" um eine Fälschung, die auf eine der Jugendreligionen zurückgeht. Ja es scheint, daß alle Nachrichten über starke Beeinträchtigungen beim Deprogramming solche gezielten Fehlinformationen sind, die nur den Zweck haben, die Deprogrammer und die Eltern zu verteufeln, die ihre Kinder deprogrammieren lassen.

Der Verfasser der vorliegenden Schrift hat sich im September und Oktober 1978 in den USA in persönlichen Kontakten mit Deprogrammierten und auch mit informierten Geistlichen, die das Deprogramming persönlich ablehnen, davon überzeugen können, daß in allen bekannt gewordenen Fällen keine derartigen Methoden angewandt wurden. Essen und Schlafen je nach Wunsch des zu Deprogrammierenden gehört sogar zu den Haupttechniken des Deprogrammings. Der zu Deprogrammierende soll ja möglichst wieder Freude an diesen Dingen entwickeln.

Durch die APRL, eine Interessenvertretungsorganisation der Sekten, werden jedoch auch weiterhin unglaubhafte Nachrichten über das Deprogramming verbreitet, weil dieses von den Sekten stark gefürchtet ist.

Wenn Deprogrammer verurteilt wurden, dann nicht wegen des Deprogrammings, sondern in allen bekannt gewordenen Fällen wegen dabei benutzter freiheitsentziehender Methoden, wegen des gewaltsamen Entführens und der gegen den Willen des Deprogrammierten vorgenommenen Einsperrung.

Dadurch werden persönliche Rechte des Deprogrammierten verletzt. Selbst wenn, wie immer wieder zu hören ist, auf diese Art und Weise Ent-Programmierte später für die Befreiung aus der Jugendreligion, -bewegung oder Sekte und ihrer geistigen Befangenheit dankbar sind, wird dieses Deprogramming von den regelrechten Elterninitiativen wie C.E.R.F., den französischen A.D.F.I. und der deutschen EI e. V. abgelehnt.

Zu fragen wäre ja auch, ob man jemandem etwas nehmen kann (seinen Glauben an die Lehren der Jugendreligion, -bewegung oder einer Sekte) ohne ihm dafür etwas zu geben. Eine neue religiöse Überzeugung könnte nicht auf der Grundlage eines Zwanges (der gesetzlichen oder außergesetzlichen Entmündigung) vermittelt werden.

Darüber hinaus besteht die Gefahr, daß schwere seelische Belastungen entstehen, bis hin zum Nervenzusammenbruch oder gar Selbstmord. Bei einem zwangsweisen Deprogramming würde aber aus moralischen, berufsständischen Gründen kaum ein Arzt oder Therapeut mitmachen.
Daß Deprogramming kein ungefährliches Geschäft ist, lehrt auch die Tatsache, daß in den USA einigen Deprogrammateuren von den Gruppen Fallen gestellt wurden, woraufhin es zu gerichtlichen Verurteilungen der Deprogrammateure kam.
Es wird auch damit zu rechnen sein, daß die überzeugten Angehörigen der Jugendreligionen vor Gericht gegen ihre eigenen Eltern zeugen und auch deren Verurteilung herbeiführen können.
Einen Menschen gegen seinen Willen zu etwas zu zwingen ist ab einem bestimmten Alter auch dann nicht entschuldbar, wenn man es „gut gemeint" hat. „Gut meinen" werden es die Jugendreligionen und Sekten und ihre Führer auch.
Wo ein Deprogramming auf ungesetzlicher Grundlage oder mit fragwürdigen Methoden durchgeführt wird, ist es aus all den genannten Gründen und dazu noch aus religiösen Überlegungen nicht vertretbar. Das gilt auch dann, wenn auf gesetzlicher Grundlage Techniken der Gehirnwäsche eingesetzt werden sollten.
Auch wenn das Deprogramming nicht empfohlen oder befürwortet werden kann, hat wohl niemand das Recht, über denen den Stab zu brechen, die einen Angehörigen durch Deprogramming aus der Bindung an eine totalitaristische Gruppe befreit haben oder zu befreien versuchten.
Von einer langfristigen *Entmündigung* ist auch deswegen abzuraten, da die Spätfolgen unabsehbar sein können. So können einer früheren Entmündigung wegen manche Berufsziele unerreichbar bleiben. Es kann sein, daß wegen einer Entmündigung die Erreichung eines Führerscheins oder eines Kredits später erschwert, wenn nicht unmöglich gemacht wird. Es kann außerdem bei dem Entmündigten ein aus dieser Entmündigung und der damit verbundenen Entwürdigung herrührender seelischer Schaden entstehen. Auch vor einer vorläufigen Entmündigung sollte man diese möglichen Folgen bedenken.
Besteht durch den Verbleib eines Jugendlichen die Gefahr des Schadens für Leib und Leben, müßten solche Bedenken zurücktreten. Der Fall könnte eintreten, wenn durch den Beitritt zu

der Jugendreligion oder Sekte eine lebenswichtige medizinische Behandlung unterbrochen wird.

Im Januar 1979 wurde durch das in Los Angeles erscheinende Monatsmagazin „New West“ berichtet, daß in der Mun-Bewegung gelehrt worden sei, im Falle eines Deprogrammings sich die Schlagadern mit einer Rasierklinge aufzuschneiden.

„Am besten wäre es, wenn wir uns frontal vor das Auto des Deprogrammers werfen würden, weil er dann wegen Mord angeklagt würde“, wird eine ehemalige Mun-Anhängerin zitiert.

Begegnungen und Kontaktszenen

Auf eine Form der möglichen Begegnungen ist diese Schrift schon in den Abschnitten „Besuche“ und „Gegenbesuche“ eingegangen. Es gibt aber noch andere, nicht minder spannungsgefährdete Begegnungs- und Kontaktmöglichkeiten.

Da ist zuerst der einfache Straßenkontakt. Man begegnet den Werbern der Gruppe in einer Stadt und weiß, daß diese versuchen werden, andere junge Menschen in die Gruppe zu ziehen, was für diese die gleiche Abhängigkeit zur Folge hätte, wie sie vielleicht schon eigene Angehörige erfahren mußten.

Nun kann man unterschiedlich reagieren. Nicht empfehlenswert ist es, den Straßenwerber mit Worten oder gar mit Taten anzugreifen. Er handelt ja seinem Glauben zufolge.

Wenn wir Zeit und Lust haben, können wir ihn zu einer Tasse Tee oder einem Glas Limonade in das nächstgelegene Café einladen (was er allerdings meist abschlagen wird). Da viele Gruppen Kaffee und Alkohol ablehnen, sollte man bei einer Einladung darauf Rücksicht nehmen. Wenn es zu einem Gespräch kommen sollte, könnte man nach den eigenen Angehörigen fragen und man könnte, in Fragen verkleidet, auch einige Kritik anbringen.

Wenn eine regelrechte Missionsaktion im Gange ist, kann man das kirchliche oder kommunale Jugendamt anrufen und dort den Hinweis geben.

Eine sehr aufschlußreiche Form der kritischen Begleitung solcher Missionsakten wäre es, wenn junge Leute den jeweils durch den Sektenmissionar Angesprochenen ein kleines informierendes Flugblatt in die Hand drücken würden und dabei sagen: „Dies Blatt informiert Sie über die Gruppe, von der Sie eben angesprochen werden.“

Bei einer derartigen Mission in München versuchten dann die Mun-Missionare in vielen Fällen das Blatt an sich zu reißen, was keinen guten Eindruck machte. Würde der Missionar jedoch die kritischen Fragen des Flugblattes mit dem Angesprochenen diskutieren, müßte er sie auch selbst zur Kenntnis nehmen. Eine solche Kenntnisnahme aber kann auch ihn zum Nachdenken führen.

Wenn ein größerer Kreis in eine Diskussion mit dem Sektenmissionar verwickelt ist, kann man — sofern man Kenntnisse über diese Gruppe hat — den Sektenmissionar in eine kritische Diskussion verwickeln, um so einen Aufklärungseffekt gegenüber den Zuhörern zu erzielen. Dabei darf man auch seine eigenen Erfahrungen mit der Gruppe bezeugen. Man muß aber sehr darauf achten, daß man selber höflich und korrekt bleibt, und nicht durch Aggressivität die Zuhörer auf die Seite des Sektenmissionars bringt. Wäre das der Fall, würden die besten Argumente in der Luft verpuffen. Der Sektenmissionar könnte dann als Märtyrer angesehen werden (und sich auch noch so fühlen).

Aus einigen Städten ist berichtet worden, daß die Werber der „Familie der Liebe" sogar 13- und 11jährigen Kindern ihre Flugschriften gegeben haben. In einigen Fällen sogar dann, wenn diese mit ihren Eltern unterwegs waren. In diesen Fällen empfiehlt es sich, die nächste Streife nach der Rechtmäßigkeit des Vorgangs zu fragen, zumal beim Zettelverteilen oft auch unerlaubt gesammelt wird. Bringen die Kinder ein solches Flugblatt mit heim, oder haben sie es in Gegenwart der Eltern erhalten, muß man mit ihnen zu Hause die Situation ruhig und offen durchsprechen.

Man wird bei einem solchen Gespräch hervorheben, daß das Flugblatt die „schön aussehende" Werbeseite der Gruppe ist. Dann wird man etwas über die Wirklichkeit der Gruppen sagen, oder durch Informationsschriften zeigen müssen. Für einen solchen Fall eignet sich am ehesten die Schrift „Verführte Sehnsucht" aus dem Evang. Presseverband München. Auch der Rat „Sag das doch mal in der Religionsstunde deinem Lehrer" (bzw. dem Geistlichen im Konfirmanden-, Firm- oder Religionsunterricht) kann weitergegeben werden.

Nimmt man Kindern die Schriften unbesprochen weg, könnte das erst recht Interesse wecken. Werfen die Kinder von sich aus ohne größeres Interesse den Zettel fort, kann man es dabei bewenden lassen. Eine aufgezwungene Aufklärung könnte ebenfalls eine unerwünschte gegenteilige Wirkung haben (allein, weil sie neugierig macht).

Bei *Geldsammlungen* durch die Sekten helfen nur zwei Dinge: 1. nichts geben, 2. bei der zuständigen Ordnungsbehörde umgehend nachfragen, ob diese Sammlung genehmigt ist. Geschieht das Geldsammeln durch Zeitungsverkauf, kann man den Zeitungsverkäufer ruhig fragen, zu welcher Gruppe er gehört. Man kann auch fragen: „Was sagen Sie dazu, daß diese Zeitung zum Bereich der . . .-Sekte gehören soll?“ Verneint er es, kann man sagen: „Ich habe aber . . . (da und dort) Gegenteiliges gehört bzw. gelesen.“ Auch hier kann es nützlich sein, sich den Gewerbeschein zeigen zu lassen und sich den Namen zu merken.

Beliebte Sammelorte sind:

Am Einstellungsort wartende Züge (im Münchner Hauptbahnhof sammeln ziemlich regelmäßig die Mitglieder der „Familie der Liebe“ bzw. „Kinder Gottes“ eine halbe Stunde vor Abfahrt in den IC- und TEE- oder D-Zügen). Hier ist es angebracht, sofort den Aufsichtsbeamten zu verständigen.

Flughäfen und Bahnhofshallen: Auch hier ist eine Information der Aufsichtsbeamten ratsam.

Vor Warenhäusern bzw. in den Fußgängerzonen (Anfrage beim Ordnungsamt per Telefon möglich).

In kleineren Städten und Dörfern tauchen nicht selten die Krisna-Anhänger (verkleidet mit Perücke) auf und „schenken“ den Passanten Bücher. Bester Rat: nehmen und kein Geld geben, dann bei den fast umgehend einsetzenden Beschimpfungen oder Rücknahmeversuchen durch den Sektenwerber die Polizei holen. Was einem geschenkt wurde, gehört bei Annahme auch dem Beschenkten. Die unerlaubte Rücknahme (aus der Hand reißen etc.) ist rechtlich Raub.

Noch ein Wort zum Unterschied zwischen *Sammeln* und *Betteln:* Betteln ist erlaubt. Unter Betteln wird das Erbitten von Geld zum eigenen Unterhalt (worin auch der der nächsten Angehörigen zu sehen ist) verstanden. Ist der Bettler im Besitz einer größeren Summe Geld, kann es rechtlich durchaus vom erlaubten Betteln zum unerlaubten Sammeln (wenn nicht Sammelbetrug) umschlagen.

Für Sammlungen wird eine aufsichtsbehördliche Genehmigung notwendig. Sie wird vom zuständigen Ordnungsamt erteilt.

Sammlungen liegen auch dann vor, wenn mehrere Personen zwar angeblich „betteln“, das Geld hinterher jedoch abliefern.
Sammlungen unter Vorspiegelung falscher Tatsachen sind Betrug und als solcher rechtlich zu ahnden.
Haussammlungen, wie bei der Aktion „Home Church“ der Vereinigungskirche vorgekommen, bedürfen auf jeden Fall der Genehmigung. Stellt ein Sammler bzw. Werber dabei das Bein zwischen die Tür, so ist das Hausfriedensbruch und sollte angezeigt werden.
Die gefährlichste Form der Kontakte sind die „unbekannten“. So gibt es in manchen der Sekten eine Art „U-Boot-Mission“. Die Werber der Sekten geben sich nicht als solche zu erkennen, werden Mitglieder eines Jugend- oder Bibelkreises oder einer anderen Gruppe und bauen Stück für Stück ihren Einflußbereich aus.
Solche „U-Boot-Mission“ kann auch dergestalt geschehen, daß sich Werber der Sekten als Mitarbeiter in einer Kirche oder in einem sozialen Werk anstellen lassen und ihre dadurch erhaltenen Möglichkeiten zugunsten der Sekten ausschöpfen.
In den USA unterhält die Mun-Bewegung ein besonderes Programm für angebliche „Theologiestudenten“. Kämen diese in einer Gemeinde zu Einfluß, könnten sie leicht eine erhebliche Werbeaktivität entwickeln.
Der Autor mußte zusammen mit dem „Arbeitskreis Jugendreligionen“ beim Stadtjugendpfarramt Frankfurt im Februar 1978 folgende Warnung herausgeben:
„Es ist bekannt geworden, daß in der Vereinigungskirche des Koreaners San Myung Mun, die zu den ‚neuen Jugendreligionen‘ gerechnet wird, ein neuer Plan zur Mitgliedergewinnung ausgearbeitet worden ist.
Mitglieder der VK sollen sich in den Kirchengemeinden engagieren, wobei sie ihre VK-Zugehörigkeit nicht zu erkennen geben sollen.
Sie sollen sich in der Gemeindearbeit und vor allem in Jugendkreisen hervortun. Es ist beispielsweise an Aktionen wie die folgende gedacht:

> Kirchenausgetretene sollen besucht und zum Gottesdienstbesuch, sowie zur Teilnahme am Gemeindeleben ermuntert werden.

Hat man das Vertrauen des Geistlichen gewonnen, soll versucht werden, werbend auf Mun hinzuweisen. Beispielsweise einen

Termin zu bekommen, um vor der ganzen Gemeinde oder speziellen Gemeindekreisen zu sprechen.
Auch die ‚von Mann zu Mann'-Mission (beispielsweise in den Jugendkreisen) scheint vorgesehen zu sein."
Erlangt man von einem solchen Fall Kenntnis, muß man sofort mit den Verantwortlichen Kontakt aufnehmen, um größeren Schaden verhüten zu helfen.

Wen klärt die Aufklärung auf?

Aufklärung über die neuen Jugendreligionen und -bewegungen ist eine wichtige Sache. Sie sollte in keinem kirchlichen Unterricht und in keiner schulischen oder berufstechnischen Unterweisung fehlen.
In die Ausbildung während des „Freiwilligen Sozialen Jahres" gehört Aufklärung über diese Fragen ebenso, wie in den Alltag der Jugendämter oder der Fachhochschulen usw.
Doch Aufklärung erreichen nur die, die sich noch nicht zum Beitritt zu einer der Gruppen entschlossen haben. Aufklärung ist Vor-Arbeit. Sie kann Jugendliche und Erwachsene informieren und benachrichtigen, die sich den Gruppen noch nicht zugewandt haben.
Aber auch Aufklärung kann niemanden überzeugen.

> Überzeugen kann jeder nur sich selbst. In diesem Sinne kann Aufklärung und Information ein Baustein zur Selbstüberzeugung werden.
> Wer sich allerdings schon selbst den Gruppen zugewandt hat, der hat sich auf andere Weise „überzeugt".

Einem Mitglied der Gruppen kann also in keinem Falle durch Aufklärung eine neue Überzeugung gegeben werden. Aufklärung kann in diesem Falle nur den Sinn haben, dem Betreffenden Daten und Informationen zur eigenen Überzeugung an die Hand zu geben.
Aufklärung kann also nicht ein Mittel der Gegenmission sein. Wer sich den Gruppen angeschlossen hat, ist durch den Vorgang der Seelenwäsche gegen jede Kritik immunisiert. Er sieht in der Kritik nur ein Werk des Teufels (oder des Chaos usw.), das letztlich nur die Notwendigkeit der Gruppe und ihrer Lehre bestätigt. „Wenn solche zerstörende Kritik geübt wird, dann sieht man ja, wie weit es mit der Welt gekommen ist. Es ist höchste Zeit, daß wir der Welt Rettung bringen."

Aufklärung wird meist als „zerstörende Kritik“ gebrandmarkt, der eine angeblich „aufbauende“ Kritik gegenübergestellt wird. Doch dies sind Schein-Wahrheiten. Es gibt nicht „zerstörende“ und „aufbauende“ Kritik. Es gibt nur richtige und falsche Kritik. (Von „aufbauender Kritik“ kann eigentlich nur gesagt werden, daß sie eine versteckte Werbung sein müßte. Übrigens: wer würde feststellen dürfen, welche Kritik „aufbauend“ und welche „zerstörend“ ist?) Wenn die „zerstörende“ Kritik etwas Falsches und Negatives zerstört, dann ist sie gut. Wenn die „aufbauende“ Kritik etwas Falsches und Negatives aufbaut, dann ist sie schlecht. Bleiben wir dabei: es gibt nur falsche oder richtige Kritik. Was aber falsch und richtig ist, dafür muß jeder von seinem Standpunkt aus gerade stehen.

Aufklärung wird auch aus einem anderen Grunde von den Gruppen ungern gesehen werden. Die Gruppen bestimmen nämlich gar zu gerne selbst, wann den Interessenten welche Informationen gegeben werden sollen. Meist versucht man, im Stück-für-Stück- oder Schritt-für-Schritt-Verfahren einen Brokken nach dem anderen mundgerecht zu verfüttern. Und manchmal ist die beste Aufklärung, das ganze Futter auf einmal vorzulegen. So werden die Kinder Gottes (jetzt „Familie der Liebe“) den Neulingen nicht gerne die geheimen MO-Briefe „Nur für die Leiter“ vorlegen und die Scientologen versagen den Mitgliedern höherer Stufen, den unteren ihre Kenntnisse mitzuteilen. Außenstehenden soll gleich gar nichts gesagt werden.

Aufklärung, die solche Informationen der Öffentlichkeit zugänglich macht, ist bei den Gruppen besonders ungern gesehen.

Dann kommt beispielsweise das Argument:

Man gebe den Erstkläßlern ja auch nicht die Mathematikaufgaben der 10. Klasse. Oder: man gebe den Erstsemestern in der Theologie ja auch nicht die Informationen des letzten Semesters.

Ja, aber man versteckt sie auch nicht vor ihnen.

Wenn ein Erstkläßler die Mathematikaufgaben der 10. Klasse unbedingt sehen wollte, würde man sie ihm doch geben und sagen: „Da hast Du sie, auch wenn Du sie nicht verstehen kannst.“ Und dem theologischen Erstsemester würde man keineswegs die Unterlagen des Letztsemesters verheimlichen.

Aufklärung ist ein wichtiges Mittel der Gegenarbeit.

Über das bisher Gesagte hinaus ist auch noch festzustellen, daß die Aufklärung Jugendliche in die Lage zur besseren Entscheidung setzt. Vielerorts wirbt die Mun-Vereinigungskirche z. B. mit Visitenkarten, die nichts anderes als eine Adresse, nicht jedoch einen Gruppennamen enthalten. Vermutlich hat die Gruppe Angst, daß der Gruppenname durch die öffentliche Kritik negativ eingefärbt sein könnte.
Die Missionierten sind sich oft gar nicht bewußt, es mit der Mun-Sekte zu tun zu haben. Würden sie durch die Aufklärung befähigt, das zu durchschauen, hätten sie eine wesentlich größere Chance, der Gruppe richtig zu begegnen.
Es gibt auch eine Form der Aufklärung, die sich an die Gruppenmitglieder wendet. So werden die Gruppen einerseits keine Negativinformationen verbreiten, andererseits die Abstufung der Informationen einhalten. Klärt man einen Anhänger der Gruppen beispielsweise über eventuelle Vergehen der Führer oder über Lehrinhalte höherer Stufen auf, hat man ihm auch ein besseres Entscheidungsinstrument in die Hand gegeben.
Nicht selten reagieren die Gruppen auf solche Versuche mit besonderer Aggression und Gehässigkeit. Es gibt regelrechte Verbote, sich solche Kritik anzuhören.
In der Öffentlichkeit ist Aufklärung die wichtigste Arbeitsmethode. Themen der Aufklärung sind vor allem:

Was lehrt die Gruppe wirklich?
Wie verhält sich die Gruppe zur Öffentlichkeit?
Wie lebt man in der Gruppe?
Wie verhält sich die Gruppe gegenüber Ausgeschiedenen?

Zur Aufklärung gehört aber auch, die Gründe für Wirken und Erfolg solcher Gruppen aufzuspüren. Das neue Buch „Jugendreligionen. Ursachen, Trends, Reaktionen" (Claudius/Pfeiffer, München 1979) geht eingehend auf diese Frage ein.

Rückwirkungen

Der Übertritt eines Familienmitgliedes zu einer der Sekten, neuen Jugendreligionen und -bewegungen oder die vollkommene Unterstellung seines Lebens unter die Anweisungen einer Meditationsbewegung wird in jedem Falle auch Rückwirkungen auf die Familien und auf einzelne Familienmitglieder haben.
Dabei ist es gleichgültig, ob der Betreffende das gemeinschaftliche Leben aufgibt, die Bindungen an seine Angehörigen löst

oder ob er im Haushalt wohnen bleibt und dort eine tatsächliche Lebensspaltung eintritt.
Es wird gut sein, bei diesem Anlaß sich Gedanken über die Rollenverteilung und das gegenseitige Verhalten in der Familie zu machen.

Von vorneherein kann man jedoch von gegenseitigen Vorwürfen absehen. „Hättest Du das und das getan ...“ oder „Wenn Du damals nicht so streng gewesen (so nachsichtig gewesen) wärst...!“ bringen ebensowenig Hilfe wie Selbstanklagen („Hätte ich nur ...“). Mit beidem ist niemandem geholfen.
Allerdings ist jetzt die Gelegenheit, unausgesprochene Spannungen im wahrsten Sinne des Wortes „zur Sprache zu bringen“, d.h. Dinge auszusprechen, um die man sich immer herumgedrückt hat und sie miteinander zu besprechen.
Auf keinen Fall als Anklage- und Verteidigungsspiel!
Wie dies geschehen kann, kann beispielsweise eine in größeren Abständen in der eigenen Familie praktizierte „Tischkonferenz“ zeigen. Die Familie bleibt nach dem Essen, etwa dem Abendessen, sitzen. Das Geschirr wird kurz weggeräumt. Dann beginnt in einer bestimmten Reihenfolge (entweder in der Sitzfolge oder in Altersfolge oder umgekehrt) einer in ähnlicher Reihenfolge jedem am Tisch Sitzenden zu sagen, was ihm an diesem nicht paßt. Der so Besprochene darf sich weder durch Worte noch durch Grimassen oder Gesten verteidigen. Er hat ruhig dazusitzen und sich die Dinge anzuhören. Er selber wird später in der gleichen Situation sein, Erklärungen gegenüber den anderen abgeben zu können, ohne daß diese sich verteidigen dürfen. Eltern sind als absolut gleichberechtigte Partner mit einbezogen. Auch Erklärungen Marke „Ich will mich bessern“ sind nicht erlaubt. Es gibt absolut keinen Kommentar zu dem, was gesagt wird.

Tatsächlich schleichen sich bei uns ja nur allzu leicht Gewohnheiten ein, deren Wirkungen wir auf den anderen oft nicht kennen. Allzu schnell nimmt man sich Kritik gegenseitig übel. Man nimmt sie als persönlichen Angriff, anstatt zu bedenken, daß sie eine Hilfe sein kann. Die falsche Kritik kann uns kalt lassen. Die richtige Kritik ist aufbauend und zerstörend zugleich. Sie zerstört falsche Haltungen oder Gewohnheiten und hilft gute aufbauen.
Sicher wird es einem Vater weh tun, wenn er merkt, daß seine gutgemeinte Härte vom Sohn nicht als Liebe verstanden wird.

Vielleicht erschrecken Eltern darüber, daß eines ihrer Kinder sich übergangen vorkommt. Es ist dann meistens das, das am wenigsten Umstände und Ärger macht, dem zu wenig Aufmerksamkeit geschenkt wird.

Kritik ertragen ist ein schweres Geschäft. Kritik ohne Gehässigkeit sagen ein ebenso schweres. Allerdings wird man sich auch der Kritik stellen müssen, die stark gefühlsmäßig betont vorgetragen wird.

Das Verhältnis von Ehepartnern untereinander ist ein anderes, wichtiges Gebiet, dem eine Überprüfung gut täte. Eltern spielen vor Kindern ein Rollenspiel, dessen Regeln diese ungewollt und unterschwellig übernehmen.

Wie wird wohl ein Sohn dereinst seine Frau behandeln, dessen Vater die Mutter immer zurückgestellt hat? Oder welchen Eindruck wird ein Mädchen von einer Rolle als Ehefrau haben, wenn die Mutter den Vater ständig benörgelt und wie ein unmündiges Kind behandelt? Oder wie können Kinder, die aus geringen Anlässen in Jähzorn zusammengebrüllt oder gar geschlagen werden, später eine andere Haltung einnehmen, als ihrerseits bei Mißhelligkeiten gleichzeitig wieder jähzornig und brutal zu reagieren?

Erkennt man einen falschen Weg, kann man ihn ändern. Man wird den anderen um Mithilfe bitten müssen.

Zu den Überlegungen wird auch die Suche nach besonderen Anlässen sein, die den anderen zu dem Schritt „nach draußen“ getrieben haben.

Ein Vater, der seine Tochter aus einer Sekte herausholen will, jedoch bei einer Freundin und nicht bei seiner Familie lebt, wird wenig Erfolg haben. Vielleicht ist eben diese Trennung in der Ehe der Eltern der Anlaß zum Weggang der Tochter gewesen.

Ein Mann, der kaum Zeit für die Familie hat, braucht sich nur wenig zu wundern, wenn die Frau ihm plötzlich die Gemeinschaft ganz aufkündigt und ihr Leben unter die Richtlinien einer Meditationsbewegung stellt. Auch der Hinweis „Ich tue das doch alles nur für meine Familie“, repariert die Bruchstelle nicht.

Eltern, die aus anerkennenswerten, aber von den Kindern gefühlsmäßig nicht einsehbaren Gründen das Zuhause durch Konsumzuwendungen ersetzen, werden von diesen vielleicht mit dem Leben in Entsagung und strengem Dienst einer Sekte oder Jugendreligion konfrontiert.

Noch eins sollte nicht übersehen werden. Der Mensch lebt tatsächlich nicht nur vom Brot allein, sondern auch und in ganz starkem Maße von seinem Glauben.

Das kann ein religiöser Glauben, ein Vertrauen auf Menschen oder Ideologien sein. So wie wir glauben, daß die Welt sei, ist sie für uns. Darauf stellen wir uns ein, dafür bringen wir Opfer.

In anscheinend ganz oberflächlichen und äußerlichen Dingen beweist sich das. Wenn beispielsweise jedes Jahr eine irrsinnige Reisewelle unter größten kraftmäßigen, nervlichen und finanziellen Opfern mitgeschwommen wird, dann deshalb, weil viele meinen, das müsse so sein. Ich „muß“ dort und dort gewesen sein. Ein Urlaub im Tierpark? „Ist doch nichts!“ Wieso nicht? Weil es der Betreffende nicht glaubt.

Nun wenden wir aneinander viel Freizeit und finanzielle Mittel. Wir bieten uns als Ehepartner und unseren Kindern vieles, was man sich früher nicht leisten konnte.

Bieten wir ihnen auch begründete Lebensspielregeln? Bieten wir ihnen Richtlinien und ein Ziel, für das zu leben sich lohnt? „Weißt du, was der Sinn des Lebens ist?“ — das ist eine in der Mission der Sekten und neuen Jugendreligionen oft gestellte Eingangsfrage. Und der Köder sitzt nur allzu häufig fest. Woher soll man es wissen? Haben es die Eltern uns übermittelt? Haben wir es uns gemeinsam erarbeitet? Gern verläßt man sich dann auf „den Religionsunterricht“. Aber haben wir überprüft, ob das dort vermittelt wird?

Wissen wir selbst, wofür wir uns abschuften und seelisch aufarbeiten? Dafür, daß sich unsere Kinder einmal wieder für ihre Kinder aufarbeiten? Oder vielleicht „für die paar schönen Stunden im Leben“?

Hier kann jetzt nicht Ort und Raum sein, alle diese Fragen zu beantworten. Der Sinn dieser Hinweise ist der, daß man sich Gedanken darüber machen kann. Daß man abtasten kann, ob nicht diese Gründe mit zu einer solchen Lage geführt haben (oder einmal führen können).

Ratschläge an Jugendliche

Der Münchner Kreisjugendring hat im Sommer 1975 angesichts des immer stärker werdenden Auftretens der Jugendreligionen in der Münchner Innenstadt ein Flugblatt herausgegeben, das eine Reihe von wichtigen und beherzigenswerten Ratschlägen enthält.

Es wird hier auszugsweise abgedruckt, damit Sie im Ernstfall diese Seite heraustrennen und an einen Betroffenen weitergeben können:

„Wir akzeptieren die Glaubens- und Religionsfreiheit jedes einzelnen, aber wir sind der Meinung, daß die neuen Jugend-„Religionen" eine Gefahr für Jugendliche darstellen.

Der jeweilige Absolutheitsanspruch und die strenge und isolierte Lebensweise vereinnahmen die Jugendlichen völlig und lassen kaum Möglichkeiten, sich mit Alternativen auseinanderzusetzen.

Einmal Mitglied, so ist es ungeheuer schwer, sich von der Gruppe zu trennen. Hat man der Gemeinschaft erst mal alles geopfert, ist ohne abgeschlossene Ausbildung und gegebenenfalls innerhalb der Gemeinschaft an Partner und Kinder gebunden, so bedarf es großer Anstrengungen, sich unter diesen erschwerten Bedingungen wieder der gesellschaftlichen Realität zu stellen.

Deshalb bitte beachten!

An eine Unterschrift unter einen Vertrag sind Sie im Zweifelsfalle immer gebunden.

Behalten Sie Ihre persönlichen Papiere immer bei sich. Wenn Sie Ihren Paß, Personalausweis usw. Dritten übergeben, sind Sie dabei nicht vor Mißbrauch geschützt.

Seien Sie vorsichtig mit der Weitergabe von Informationen über andere Personen und auch über Familienmitglieder, da Sie nicht wissen können, ob Sie mit deren Einverständnis handeln.

Sollten Sie sich dennoch einer der genannten Gruppen anschließen:

Vergewissern Sie sich nachdrücklich, ob Sie für einen Unfall oder Krankheitsfall ausreichend versichert sind.

Bedenken Sie, daß Sie Schwierigkeiten bekommen können, wenn Sie in die Gemeinschaft eingebrachtes Geld beim Austritt wieder zurückfordern.
Falls Sie sich von einer Gruppe lösen wollen, sollten Sie sich im Falle von Schwierigkeiten dabei von Anfang an an einen Rechtsanwalt wenden."

Ratschläge für Eltern und Angehörige

(Dieses Blatt kann herausgetrennt und weitergegeben werden.)

Die folgenden Ratschläge fassen noch einmal einiges Wichtige kurz zusammen. Sie sind auch in der Schrift „Die neuen Jugendreligionen" abgedruckt und basieren auf Ratschlägen der amerikanischen Elterninitiative „*C.E.R.F.*".

1. Schreiben Sie alle Namen, Adressen und Telefonnummern auf, die mit den Aktivitäten Ihres Kindes bzw. Angehörigen in der Sekte zusammenhängen. Legen Sie eine Akte an.
2. Halten Sie alle Ereignisse in der zeitlichen Reihenfolge fest. Führen Sie ein Tagebuch.
3. Reagieren Sie auf alle schriftlichen oder mündlichen Kontaktaufnahmen seitens Ihres Kindes oder Angehörigen in aufrichtiger, fester, aber nicht anschuldigender Weise.
4. Äußern Sie Ihren Standpunkt klar. Zeigen Sie, daß er sich gegen die Gruppe, nicht aber gegen Ihr Kind bzw. Ihren Angehörigen richtet. Bewahren Sie dabei die Ruhe. Vermeiden Sie Äußerungen, die als Drohung verstanden werden könnten. Seien Sie aber jederzeit zum Gespräch bereit.
5. Sammeln Sie alle Unterlagen und Informationen über die Gruppe — auch aus Zeitungen, Zeitschriften und anderen Quellen, um über die neuesten Entwicklungen auf dem laufenden zu sein.
6. Schicken Sie Ihrem Kind bzw. Angehörigen kein Geld, dies dürfte fast immer der Gruppe, kaum aber dem Adressaten zugute kommen.
7. Geben Sie keine Original-Dokumente aus der Hand, sondern nur Kopien. Diese können beim Pfarramt beglaubigt werden.
8. Geben Sie keinen eventuellen „professionellen Helfern" irgendwelche Geldbeträge, wenn Sie nicht deren Glaubwürdigkeit und Fähigkeit geprüft haben, Ihnen bei Ihren Problemen sinnvoll und wirkungsvoll zu helfen.
9. Geben Sie nie auf. Denken Sie immer daran, daß Ihr Kind von Ihrer Liebe, Ihrer Erziehung und seiner häuslichen Umgebung geprägt ist. Diese Einflüsse können auf Dauer von keiner Technik ausgelöscht werden.

10. Denken Sie daran, daß Sie nicht allein sind. Das gleiche Problem wie Sie haben viele Eltern. Es betrifft Familien aus allen religiösen, wirtschaftlichen und sozialen Bereichen.
11. Schließen Sie sich einer Elterninitiative an. Sie haben dadurch öffentlichen und staatlichen Stellen, ja auch den Gruppen gegenüber mehr Gewicht. Sie haben dadurch im Ernstfall auch Verbindungen zu ähnlichen Initiativen in der ganzen Welt.
12. Lassen Sie sich nicht von der Gruppe überspielen z. B. durch „kostenlose Einladungen" zu Werbewochenenden und Unterschriftenbegehren.

Gedanken zum Nachdenken

Das Folgende ist dem Brief eines jungen Mädchens entnommen, das sich von unserer Welt abgewandt hat und in einer kleinen und sehr armen christlichen Gemeinde des Vorderen Orients eine Art Meßnerdienst leistet. Sie ist dort die „Gemeindeschwester“, ohne es je gelernt zu haben.

Gerade weil die Betreffende keiner der Sekten angehört, andererseits aber manche jungen Menschen aus ähnlichen Erwägungen heraus sich Sekten, Jugendreligionen und Meditationsbewegungen zuwenden, soll der Brief hier in Auszügen abgedruckt werden. Der Brief stammt aus dem Jahre 1977. Er ist an einen deutschen Reisenden geschrieben, der die Briefschreiberin anläßlich einer Reise in das betreffende Land kennengelernt hat und ihr anbot, bei ihrer Rückkehr behilflich zu sein. Der Brief bedarf keines Kommentares. Interessanterweise hat ihn der Empfänger auch nicht mehr beantwortet.

„Unsere heutige europäische technisierte, so vollkommen aussehende Welt gleicht einem mitreißenden großen Strom — und nur wenige sind es, die aus eigener Kraft aus dem Strom heraus eine Insel ansteuern können. Möge es eine Insel der Einsamkeit sein, eine Insel ohne Versicherung und Arbeitspapiere — eine Insel ohne Geld und Luxus, ohne Vergnügungen. Vielleicht eine Insel der Tränen — der Trauer. Wäre es nicht einfacher, sich im Strom unserer Gesellschaft mitreißen zu lassen? Ein versichertes Leben zu führen, sorgenfreie Zukunft, ein Bankkonto, nettes Zuhause, Fernseher, Auto und Zufriedenheit ...

Sie möchten, daß ich meine Insel verlasse und mich zurück in den Strom unserer Gesellschaft begebe. Und dazu müßte ich ein wenig korrigiert werden, um in das Schema hineinzupassen, um nicht Schiffbruch zu erleiden. Sie verschreiben mir einen guten Psychiater, der mit zurechtbiegt zu einem normalen Bürger.

Sie verurteilen die jungen, langhaarigen Menschen, die Hippies, die Herumtreiber, die Gammler, die Nichtstuer — arbeiten sollen sie, daß sie nicht auf andere Gedanken kommen! Sollen wir nicht die Vögel im Himmel sehen, die weder säen noch ernten und wie Gott Vater sie doch ernährt? Und sollen wir doch angeblich mehr wert sein als jene.

Sie beklagen die Lieblosigkeit unter den Menschen und verurteilen die Hippies, die Kinder der Liebe, die unserer lieblosen Gesellschaft zu entfliehen versuchen. Und da man schwer praktizieren kann, zu entfliehen, weil man überall auf die gleiche Lieblosigkeit stößt, entfliehen manche junge Menschen in Drogen.

Ist es der Sinn des Lebens eines Mannes, am Abend müde und abgekämpft zu sein, um nicht einmal mehr Zeit für seine Familie zu haben? Ein Mann, der seine ganze Kraft dem Mammon verschenkt, kann keine Kraft mehr für die Liebe haben. Ist das nicht das Bild unserer Familien? Der Mann, der abgeschlafft nach Hause kommt und bei Bier und Fernseher seine Ruhe sucht? Wie viele Frauen rennen heute dem Mammon nach und kümmern sich nicht mehr um die Familie? Ein Fremder auf deutschen Straßen stößt auf Lieblosigkeit bei der Frage nach dieser oder jener Straße. Man hat keine Zeit mehr für einen kleinen Gefallen — man möchte ja gerne —, aber man muß eilen, da die Zeit rennt und somit das Geld.

Niemand kann zwei Herren dienen. Denn entweder wird er den einen hassen und den anderen lieben oder dem einen anhangen und den anderen verachten. Ihr könnt nicht Gott dienen und dem Mammon. (Matt. 6,24) Und ist Gott nicht mit in der Liebe? Und wer in der Liebe bleibt, der bleibt in Gott und Gott bleibt in Ihm (I. Johannesbrief 4,16/17). Viel zu oft wird die Liebe beiseitegeschoben, dem Dienst am Mammon zuliebe.

Und sie wundern sich, wenn es junge Leute gibt, die dem reißenden Strom unserer mammonischen Welt versuchen zu entfliehen? Und wenn sie keine Insel zum Anlegen finden — wie viele stranden somit an der Droge.

Sie möchten jene jungen Menschen korrigieren, sie einpassen. Der Mensch muß korrekt sein, sich einfügen können. Doch sehen wir nicht, daß sich jenes glänzende Getriebe am Ende selbst zerstören wird? Eine Welt, die dem Mammon dient, kann nicht in Gott wandeln und somit auch nicht in der Liebe. Nennt sich unsere Welt auch Christen, so haben wir es schon lange vergessen, daß das Hauptgebot Gottes die Liebe ist. — Ja, wir meinen, wir können heute nicht mehr so einfach leben, und wenn man so nicht leben kann, muß man sich zerstören. Und wir tun es.

Auf den Straßen hören wir das höhnische Gelächter des Teufels, dann, wenn zwei Autos in höchster Geschwindigkeit sich entgegenkommen. Aufeinanderprallen. Die Gebeine zerschmettern. Dann, wenn ein kleines Kind Mutti schreit. Und Mutti und Vati und Bruder und Schwester im Straßengraben liegen. Blutüberströmt. Der Kopf zermalmt und die Gebeine zertrümmert.

Wir hören das Gelächter des Teufels — er hat gesiegt. Ja, seine Stimme ist es, die sagt: ‚Mensch, siehst Du nicht wie unvollkommen Du bist? Du hast zwei Beine und kommst nicht vorwärts. Du kannst schneller sein, wenn Du Dir eine Maschine baust'. Und wir pflücken vom Baum der Weisheit und essen uns an seinen Früchten satt.

Daß Gott sich nicht allzu sehr über unsere Weisheit freut, sehen wir schon damals zu Babel, als er herabblickte und, um die Vollendung des Turmbaues zu verhindern, die Sprachen verwirrte. Das ist erst der Anfang ihres Tuns. Fortan wird für sie nichts mehr unaufführbar sein, was immer sie zu tun ersinnen. Das klang nicht allzu erfreulich, denn sie mußten aufhören die Stadt zu bauen.

Doch könnte es nicht unsere Gesellschaft retten, wenn Gott noch einmal unsere Sprachen verwirren würde? Kein Fließband kann laufen ohne die Sprache, den menschlichen Befehl. Die Industriewelt müßte stoppen — untergehen.

Die Industriewelt wird das Hunger leidende Volk sein — das vor Hunger sterbende Volk. Es wird in den heute so unterentwickelten Landern betteln müssen — betteln um Reis und Brot. Es wird nackt dastehen und wird den Asphalt mit bloßen Händen abkratzen müssen, um den Schatz Gottes — die Heilige Erde — zu finden, sie wieder fruchtbar zu machen.

Statt daß wir heute die heilige Erde Gottes bewahren, sie pflegen und in ihrer Fruchtbarkeit nutzen, stehlen wir sie und bedecken sie mit Asphalt und Industrie. Ja, wir möchten schöpfen, Werke tun, wie Gott schöpft und gute Werke tut für uns, und wir übersehen diese Werke, asphaltieren sie und bauen unsere eigenen Schöpfungen.

Wir sind ja nicht zufrieden mit dem, was Gott uns gibt. Wir können ja noch mehr haben — noch schöner sein —, ein noch glänzenderes Angesicht bekommen. Und wir überhören das Gelächter des Teufels — die Schlange, die sich durch uns

bohrt und uns zuflüstert: ‚Wenn du davon ißt, wirst du viel schöner sein!‘ Sie zerstört unsere Seelen, macht uns kaputt und treibt uns auf einen großen Abgrund zu — die Zerstörung unserer Gesellschaft.
Du wirst sein wie Gott! Wir versuchen Menschen zu machen — es bleibt beim leblosen Computer. Und wir schämen uns nicht, unsere Väter so zu verachten — so zu übergehen. Wir werden lieblos — Kämpfer und Diener des Mammons.
Und trotz alledem nennen wir uns Christen. Haben wir das Recht darauf?“

Ein Urlaub zur Abklärung

Manchmal werden wir uns Zeit und dazu besondere Umstände nehmen müssen, eine Klärung mit uns selbst oder einem Angehörigen herbeizuführen.
Im Monatsrundbrief des Evangeliumsrundfunk, August 1977 gibt Studienrat Wilfried Fuchs, Straubing, einige Ratschläge unter dem Titel „Richtiger Urlaub“. Daraus soll der Hauptabschnitt hier vorgestellt werden:

„Unser Verhalten wird, ohne daß wir es vielleicht denken, durch unseren inneren Motor bestimmt, der noch auf Hochtouren läuft. Bei verschiedenen Menschen ist die Richtung ihres inneren Dranges am Anfang des Urlaubs verschieden, je nachdem sie im Lauf des Jahres körperlich oder vorwiegend geistig tätig waren. Doch wichtig ist nicht dieser innere Drang, sondern die Bedürfnisse Ihrer Natur, lieber Leser. Sie sollten sich darüber klar werden, was *Sie* im Urlaub brauchen: Ruhe für den erschöpften Körper oder Entspannung Ihres angestrengten Geistes. Danach gilt es, die Bedürfnisse der einzelnen Familienmitglieder aufeinander abzustimmen, damit alle zu der gesuchten Erholung kommen.

Hier einige Vorschläge für Ihren Urlaub:

1. Wer körperliche Ruhe braucht — z. B. Mütter von kleinen Kindern sowie alle körperlich Arbeitenden — sollte keine anstrengenden Touren unternehmen, sondern faulenzen, spazierengehen und viel schlafen.
2. Wer im Beruf viel sitzt, braucht im Urlaub körperliche Betätigung. Die Muskeln sollten benutzt und die Lunge gründlich durchlüftet werden. Dazu bieten sich an: Wandern, Bergsteigen, Schwimmen, Sport in vernünftigen

Grenzen. Dabei ist es wichtig, *langsam* anzufangen und die Anforderungen an den Körper nur allmählich zu steigern.

3. In der Familie kann eine Umverteilung der Haushaltspflichten der Erholung aller dienen. Wenn jeder mithilft, wird die Hausfrau entlastet.
4. Ganz wesentlich scheint es mir zu sein, daß man sich in der Familie viel Zeit füreinander nimmt. Man sollte miteinander essen, spielen, spazierengehen, miteinander reden und einmal zusammen ein gutes Buch lesen.

Am wichtigsten ist aber zweifellos noch etwas anderes: Die Beschäftigung mit Gott und seinem Wort. In der Stille des Urlaubs steigen Gedanken über den Sinn des Lebens, über wichtige Lebensfragen hoch. Sie sollten solche Gedanken nicht wegschieben. Sie müssen nicht vor Gott fliehen. Er liebt Sie und will Ihr Leben ganz in Ordnung bringen. Gottes Liebe sehen Sie an dem gekreuzigten Jesus Christus. Er starb, damit Sie als Befreiter leben können.
Nehmen Sie eine Bibel zur Hand. Fangen Sie an, das Johannes-Evangelium zu lesen. Sagen sie im Gebet Gott alles, womit Sie nicht fertig werden. Suchen Sie Gottesdienste auf. Sprechen Sie mit Menschen, die wahre Christen sind."

Empfehlenswerte Literatur

Über Sekten und neue Jugendreligionen klären vor allem die Hefte der „Münchener Reihe" des Evangelischen Presseverbandes, Birkerstraße 22, 8000 München 19, auf. Sie werden alle auf der dritten Einbandseite aufgeführt, weshalb sie hier im einzelnen nicht vorgestellt zu werden brauchen.
Im gleichen Verlag gibt es auch einen Set Unterrichtsfolien zu den „neuen Jugendreligionen" sowie weitere Lehrmittel, darunter auch eine Lichtbildserie.

Mit den Gründen, warum in unserer Zeit solche Gruppen eine Chance haben und warum sie gerade bei Jugendlichen solche Werbeerfolge haben, beschäftigt sich der erste Hauptteil des Bandes „Die neuen Jugendreligionen — Teil 2".
Zur grundsätzlichen Auseinandersetzung mit Sekten, Jugendreligionen und Weltanschauungen kann auf das Buch verwiesen werden:

Handbuch religiöse Gemeinschaften
Gütersloher Verlagshaus Gerd Mohn, Gütersloh 1977

Im gleichen Verlag ist ein Buch erschienen, das für die Klärung eigener Fragen gute Hilfe leisten kann

Evangelischer Erwachsenenkatechismus
Gütersloher Verlagshaus Gerd Mohn, 3. Auflage März 1977

Über Sekten und vor allem Jugendreligionen wird, weil die Sache wichtig ist und vor allem eine Nachfrage besteht, neuerdings viel geschrieben. Die oben genannte Literatur kann klar empfohlen werden. Manches andere sollte nur mit Vorbehalt genommen werden. Informationen geben die Elterninitiative und die fachkundigen Berater.
Vom Autor der vorliegenden Schrift stammt auch ein Buch „Jugendreligionen. Ursachen, Trends, Reaktionen" (Claudius/Pfeiffer, München 1979), das eine umfassende Material- und Literaturliste enthält.
Informatives Schrifttum kann auch über die Evang. Zentralstelle für Weltanschauungsfragen, Hölderlinpl. 2 A, 7000 Stuttgart-W., bezogen werden.

Hervorragendes Informationsmaterial über Scientology/Dianetics ist zu beziehen bei

Aktion Bildungsinformation (A.B.I.) e. V.,
Alte Poststraße 5 I, 7000 Stuttgart 1.

Läßt man sich Informationsmaterial zusenden, sollte man zumindest das zu erwartende Porto bei der Anfrage in Briefmarken beilegen.

Kontaktstellen

Neben der

„Elterninitiative zur Hilfe gegen seelische Abhängigkeit und religiösen Extremismus e. V." (EI), Postfach 874, 8000 München 1

1. Vorsitzender: Pfr. F.-W. Haack, Postfach 500 305, 8000 München 50;
2. Vorsitzender: Dipl.-Theol. Hans Löffelmann, Maxburgstraße 5, 8000 München 2,

und der „Aktion für geistige und psychische Freiheit", Postfach 1131, 5300 Bonn 1, können auch die Elterninitiativen und Bürgervereinigungen in anderen Ländern angefragt werden. Die Adressen finden sich in dem Kapitel „Elterninitiativen".
Bei Anfragen ins Ausland empfiehlt sich ein bei den Postämtern erhältlicher „Internationaler Postantwortschein" als Portoersatz-Beilage.
Die Beauftragten für Sekten- und Weltanschauungsfragen der Kirchen sowie einige kirchliche Dienststellen können oft mit Informationen und als Berater helfen.

1. Die evangelischen landeskirchlichen Beauftragten fur Sekten und Weltanschauungsfragen:

   Baden — Pfr. K. M. Bender, Mainzer Str. 16, 7500 Karlsruhe 51

   Bayern — Pfr. F.-W. Haack, Postfach 500 305, 8000 München 50

   Berlin — Pastor Thomas Gandow, Goethestr. 30, 1000 Berlin 12

   Hannover — Pastor J. Biallas, Archivstr. 3, 3000 Hannover 1

   Hessen und Nassau — Pfr. B. Leinberger, Elisabethenstr. 51, 6100 Darmstadt

   Oldenburg — Pastor Eberhard Strecker, Kirchweg 1, 2895 Tossens

   Pfalz — Pfarrer A. H. Kuby, Evang. Akademie, Gr. Himmelsgasse 6, 6720 Speyer

Rheinland — Volksmissionarisches Amt Rheinland, Rochusstr. 44, 4000 Düsseldorf 30

Nordelbische Evang.-Luth. Kirche — Pastor Detlef Bendrath, Brahmsstraße 20 f, 2400 Lübeck

Westfalen — Pfarrer R. Hauth, Röhrchenstraße 10, 5810 Witten/Ruhr

Württemberg — Pfarrer W. Schmidt, Ev. Oberkirchenrat, Postfach 92, 7000 Stuttgart 1.

2. Der Beauftragte für Sekten- und Weltanschauungsfragen der Erzdiözese München-Freising — Dipl.-Theol. Hans Löffelmann, Maxburgstraße 5, 8000 München 2.

3. Kirchliche Dienststellen:

„Arbeitskreis religiöse Gemeinschaften" der VELKD, c/o VELKD-Kirchenamt, OKR Dr. H. Reller, Postfach 510 409, 3000 Hannover 51. Der Arbeitskreis hat das — vor allem für die kirchlichen Mitarbeiter wichtige — „Handbuch religiöse Gemeinschaften" erarbeitet, das im Gütersloher Verlagshaus Gerd Mohn erschienen ist.

Evang. Zentralstelle für Weltanschauungsfragen, Hölderlinplatz 2 A, 7000 Stuttgart-W, bietet kostenloses Informationsmaterial.

Arbeitsgemeinschaft Jugendreligionen, Stalburgstr. 38, 6000 Frankfurt/M 1.

Kath. Informationsbüro Glaubensgemeinschaften, Sekretariat, 7961 Haisterkirch, Tel. 0 75 24 / 67 12. Leiter des Werkes ist Günther Pape, geb. 1927, der eine Reihe sehr informativer Schriften über Jehovas Zeugen (aus eigenem Erleben) verfaßt hat.

Kath. Sozialethische Arbeitsstelle e. V. (Abt. Jugendschutz), Jägerallee 25, 4700 Hamm 1.

Aktion Jugendschutz, Landesarbeitsstelle NRW, Postfach 860 117, 5000 Köln 80.

Für die Beratung in Fragen der Jugendreligionen und -bewegungen:

für Scientology-Fragen: A.B.I. (Aktion Bildungsinformation, Alte Poststraße 5, 7000 Stuttgart 1.

Als Hilfs- und Beratungsstellen empfehlen sich ferner:

die Jugendämter der erzbischöflichen und bischöflichen Ordinariate;

die evangelischen und katholischen Jugendpfarrer;
die katholische und evangelische Telefonseelsorge;
die kirchlichen Erziehungs-, Ehe- und Familienberatungsstellen;
die kommunalen Jugendberatungsstellen.

Die Adressen sind jeweils dem örtlichen Telefonbuch zu entnehmen oder bei einem Pfarramt zu erfragen.

Besonders engagiert haben sich in

Bamberg (8600)
Jugendpflege Stadt Bamberg, Margaretendamm 12 a, Tel. 09 51 / 8 74 36
Erzbischöfliches Jugendamt, Kleberstr. 28 a, Tel. 09 51 / 2 53 33

Bonn (5200)
Evang. Jugendbüro, Adenauerallee 37, Tel. 0 22 21 / 63 13 90
Kath. Jugendamt, Kaiserstr. 52, Tel. 0 22 21 / 63 80 22
Städt. Jugendamt, Am Hof 28, Tel. 0 22 21 / 77 31 31
Kath. Erziehungsberatungsstelle, Adenauerallee 37, Tel. 0 22 21 / 63 11 08

Coburg (8630)
Kreisjugendring Coburg-Stadt, Rosenauerstr. 45, Tel. 0 95 61 / 6 93 81
Evang. Jugendwerk, Pfarrgasse 3, Tel. 0 95 61 / 98 71
Kath. Jugend (BDKJ), Spittelleite
Innere Mission, Leopoldstr., Tel. 0 95 61 / 13 01

Düsseldorf (4000)
Jugendhaus Düsseldorf — Bischöfliche Hauptstelle für Jugendseelsorge, Carl-Mosterts-Platz 1, D 30, Tel. 02 11 / 49 00 91 / 95
BDKJ, Stiftsplatz 4, Tel. 02 11 / 37 68 19
DAG Jugend, Bastionstr. 18, Tel. 02 11 / 32 06 81
DGB Jugend, Friedrich-Ebert-Str. 34/38, Tel. 02 11 / 3 68 31
Deutsche Jugend in Europa, Kronprinzenstr. 59, Tel. 02 21 / 39 13 93
Evang. freikirchl. Jugend, Bichrather Str. 9
Evang. Jugend, Bastionstr. 6, Tel. 02 11 / 32 07 71
Naturfreunde-Jugend, Adalberstr. 74
SJD „Die Falken“, Unter den Eichen 62 a, Tel. 02 11 / 28 46 01

Frankfurt (6000)
Evang. Stadtjugendpfarramt, Stalburgstr. 38, Tel. 06 11 / 55 55 70
Kath. Bezirksamt, Abt. Grundseelsorge, Eschenheimer Anlage 21

Hamburg (2000)
Pastor A. Springfeldt, Tel. 0 40 / 59 97 78
Ev. methodistische Jugend Hamburg, Eilbecker Weg 86, HH 76, Tel. 0 40 / 2 00 77 69
Katholische Jugend Hamburg, Graumannsweg 42, HH 76, Tel. 0 40 / 22 10 86
Nordelb. Jugendpfarramt-Arbeitsstelle Hamburg, Hirschgraben 26, HH 76, Tel. 0 40 / 25 20 85 (Arbeitskreis Jugendreligionen)
Ökumenischer Jugendrat Hamburg, Neue Burg 1, HH 11, Tel. 0 40 / 3 68 91

Hannover (3000)
Landesjugendpfarramt, Archivstr. 3, Tel. 05 11 / 19 41-428

Köln (5000)
Aktion Jugendschutz, Landesarbeitsstelle NRW, Postfach 86 01 17, K 80, Tel. 02 21 / 63 52 15

Mainz (6500)
Evang. Stadtjugendpfarramt, Goethestr. 7, Tel. 0 61 31 / 67 71 53
Kath. Jugendzentrale, Weißliliengasse 7, Tel. 0 61 31 / 2 31 71

München (8000)
Jugendinformationszentrum, Paul-Heyse-Straße 22, M 2, Tel. 0 89 / 53 16 55
Kreisjugendring München-Stadt, Paul-Heyse-Straße 22, M 2, Tel. 0 89 / 53 95 78
Erzbischöfliches Jugendamt, Frauenplatz 13, M 2, Tel. 0 89 / 22 04 35
Evangelische Jugend, Birkerstr. 19, M 19, Tel. 0 89 / 18 44 31

Information und Beratung
Münchner Insel, Unter dem Marienplatz, M 2, Tel. 0 89 / 22 00 41, Mo—Fr 9—13 Uhr und 14—18 Uhr, Do ab 10 Uhr

Nürnberg (8500)
Kreisjugendring Nürnberg-Stadt, Sandstr. 3, Tel. 09 11 / 22 31 40
Evang. Jugendwerk, Martin-Treu-Straße 27, Tel. 09 11 / 2 20 31
Katholische Jugend (BdKJ), Königstr. 64, Tel. 09 11 / 22 72 92
Stadtmission Nürnberg, Pirckheimer Str. 16 a, Tel. 09 11 / 3 69 51
Jugendamt Abt. Jugendschutz, Theresienstr. 7, Tel. 09 11 / 16 / 1

Osnabrück (4500)
Jugendamt der Stadt Osnabrück, Domhof 2, Tel. 32 31
Ev. Ehe-, Jugend- und Lebensberatung, Jürgensort 4, Tel. 2 38 58
Jugendpflege, Haus der Jugend,
Gr. Gildewart 6/9, Tel. 3 23 / 22 59 - 22 68 - 22 73
Kath. Beratungsstelle für Ehe-, Familien- und Lebensfragen,
Lotterstraße 23, Tel. 4 20 44 und 318/285
Stadtbüro der Kath. Jugend, Johannisstr. 11, Tel. 2 56 24
Psychologische Beratungsstellen für Eltern, Kinder und Jugendliche:
Erziehungsberatungsstelle der Arbeiterwohlfahrt,
Hesselkamp 2, Tel. 1 68 88
Ev.-Psychologische Beratungsstelle, Parkstr. 17, Tel. 4 19 90
Kath.-Psychologische Beratungsstelle,
Bramscher Straße 19, Tel. 6 60 46

Passau (8390)
Evangelisches Jugendwerk, Heilig-Geist-Gasse 7, Tel. 26 17
Bischöfliches Jugendamt, Innbrückgasse 9, Tel. 39 32 82
Kirchl. Jugendbüro Stadt Passau (kath.), Innbrückgasse 13 a,
Tel. 39 33 67

Siegburg (5200)
Kreisjugendamt — Kreishaus, Kaiser-Wilhelm-Platz,
Tel. 0 22 41 / 13 25 42

Stuttgart (7000)
Bund der Deutschen Kath. Jugend (BdKJ),
Heusteigstraße 66, Tel. 07 11 / 64 20 29
Evangelisches Jugendwerk Stuttgart, Christophstr. 5,
Tel. 07 11 / 24 69 63 und 24 47 27 (Jugendpfarrer Erich Haller)
Stadtjugendring Stuttgart e. V. (SJR), Paulinenstr. 47,
Tel. 07 11 / 61 72 51
Spectrum Club Junger Menschen,
Neckarstr. 67, Tel. 29 53 01 (Thomas Neuffer, Sozialpädagoge)
Beratungszentrum, Kronprinzenstr. 22, Tel. 07 11 / 29 47 75

Gesetzestexte

Im Zusammenhang mit dem religiösen Verhalten Jugendlicher, wozu auch das Verhalten bezüglich der Weltanschauungsgemeinschaften gezählt werden muß, sind eine Reihe von rechtlichen Bestimmungen notwendig, die im folgenden wiedergegeben werden.
Dabei kann auch für den Fall, daß Angehörige innerhalb der Gruppen geheiratet und Kinder bekommen haben, die Kenntnis dieser Gesetze wichtig werden.
Selbst die Namensgebungsfrage kann wichtig werden, da einige der Gruppen (beispielsweise die Kinder Gottes, die Krsna-Bewegung, Ananda Marga und die Rajneesh-Bewegung) Namensveränderungen vornehmen und innerhalb der Gruppe geborenen Kindern religionsspezifische Namen geben.
Darüber hinaus ist es grundsätzlich gut, die Rechte und Pflichten kennenzulernen, die das Gesetz bezüglich der Religion und des Glaubens ausweist.

Zitiert nach: Rechtssammlung der Evangelisch-Lutherischen Kirche in Bayern, bearbeitet von OKA Jost Heinzel, Stand 1. Februar 1977.

240. Reichsgesetz über die religiöse Kindererziehung [RKEG][1]

Vom 15. 7. 1921

(RGBl I S. 939)

– Auszug –

§ 1 Über die religiöse Erziehung eines Kindes bestimmt die freie Einigung der Eltern, soweit ihnen das Recht und die Pflicht zusteht, für die Person des Kindes zu sorgen. Die Einigung ist jederzeit widerruflich und wird durch den Tod eines Ehegatten gelöst.

§ 2 (1) Besteht eine solche Einigung nicht oder nicht mehr, so gelten auch für die religiöse Erziehung die Vorschriften des Bürgerlichen Gesetzbuches über das Recht und die Pflicht, für die Person des Kindes zu sorgen[2].

(2) Es kann jedoch während bestehender Ehe von keinem Elternteil ohne die Zustimmung des anderen bestimmt werden, daß das Kind in einem anderen als dem zur Zeit der Eheschließung gemeinsamen Bekenntnis oder in einem anderen Bekenntnis als bisher erzogen, oder daß ein Kind vom Religionsunterricht abgemeldet werden soll.

---

[1] Erläuterungen zum RKEG:

1. Die **Teilnahme am Religionsunterricht** ist geregelt durch Art. 7 Abs. 2 GG (Nr. **100**), Art. 137 BV (Nr. **105**), § 5 RKEG (Nr. **240**). Die Entscheidung über die Teilnahme am Religionsunterricht ist Ausfluß des elterlichen Erziehungsrechtes, zu dem auch die Bestimmung über die religiöse Erziehung des Kindes (§ 1 RKEG) bzw. die Entscheidung, in welchem religiösen Bekenntnis das Kind erzogen werden soll, gehört.
2. Das RKEG gilt neben Art. 137 Abs. 1 BV. Artikel 137 Abs. 1 BV, der im Gegensatz zu § 5 Satz 1 RKEG festlegt, daß der Schüler erst mit Vollendung des 18. Lebensjahres selbst entscheiden kann, ob er am Religionsunterricht teilnimmt, ist partielles Bundesrecht geworden (Art. 125 Nr. 2 GG). Diese Verfassungsbestimmung ist für Bayern allein maßgebend.
3. Für die **Abmeldung vom Religionsunterricht** lassen sich demnach folgende Regeln aufstellen (vgl. § 11 ASchO – Nr. **127** – und die Bekanntmachung des Bayerischen Staatsministeriums für Unterricht und Kultus über den Besuch des Religionsunterrichts vom 16. 10. 1947 – Nr. **148** –)
   a) bis zum vollendeten 18. Lebensjahr entscheiden die Eltern gemeinsam (§§ 1626, 1627 BGB – Nr. **241** –).
   b) Nach Vollendung des 18. Lebensjahres kann der Schüler die Entscheidung selbst treffen.
   c) Die Abmeldung muß durch schriftliche Erklärung gegenüber dem Hoheitsträger (Schulleitung, Lehrer) erfolgen. Einschränkungen aufgrund schulorganisatorischer Erfordernisse sind möglich (Abmeldung während des Schuljahres nur aus wichtigen Gründen!).

[2] Nr. **241**.

(3) Wird die Zustimmung nicht erteilt, so kann die Vermittlung oder Entscheidung des Vormundschaftsgerichts beantragt werden. Für die Entscheidung sind, auch soweit ein Mißbrauch im Sinne des § 1666 des Bürgerlichen Gesetzbuches[1] nicht vorliegt, die Zwecke der Erziehung maßgebend. Vor der Entscheidung sind die Ehegatten sowie erforderlichenfalls Verwandte, Verschwägerte und die Lehrer des Kindes zu hören, wenn es ohne erhebliche Verzögerung oder unverhältnismäßige Kosten geschehen kann. Der § 1847 *Abs. 2* des Bürgerlichen Gesetzbuches[2] findet entsprechende Anwendung. Das Kind ist zu hören, wenn es das zehnte Jahr vollendet hat.

§ 3 (1) Steht dem Vater oder der Mutter das Recht und die Pflicht, für die Person des Kindes zu sorgen, neben einem dem Kinde bestellten Vormund oder Pfleger zu, so geht bei einer Meinungsverschiedenheit über die Bestimmung des religiösen Bekenntnisses, in dem das Kind erzogen werden soll, die Meinung des Vaters oder der Mutter vor, es sei denn, daß dem Vater oder der Mutter das Recht der religiösen Erziehung auf Grund des § 1666 des Bürgerlichen Gesetzbuches[1] entzogen ist.

(2) Steht die Sorge für die Person eines Kindes einem Vormund oder Pfleger allein zu, so hat dieser auch über die religiöse Erziehung des Kindes zu bestimmen. Er bedarf dazu der Genehmigung des Vormundschaftsgerichts. Vor der Genehmigung sind die Eltern sowie erforderlichenfalls Verwandte, Verschwägerte und die Lehrer des Kindes zu hören, wenn es ohne erhebliche Verzögerung oder unverhältnismäßige Kosten geschehen kann. Der § 1847 *Abs. 2* des Bürgerlichen Gesetzbuches[2] findet entsprechende Anwendung. Auch ist das Kind zu hören, wenn es das zehnte Lebensjahr vollendet hat. Weder der Pfleger noch der Vormund können eine schon erfolgte Bestimmung über die religiöse Erziehung ändern.

§ 4 Verträge über die religiöse Erziehung eines Kindes sind ohne bürgerliche Wirkung.

§ 5 Nach der Vollendung des vierzehnten Lebensjahres steht dem Kinde die Entscheidung darüber zu, zu welchem religiösen Bekenntnis es sich halten will. Hat das Kind das zwölfte Lebensjahr vollendet, so kann es nicht gegen seinen Willen in einem anderen Bekenntnis als bisher erzogen werden.

§ 6 Die vorstehenden Bestimmungen finden auf die Erziehung der Kinder in einer nicht bekenntnismäßigen Weltanschauung entsprechende Anwendung.

§ 7 Für Streitigkeiten aus diesem Gesetz ist das Vormundschaftsgericht zuständig. Ein Einschreiten von Amts wegen findet dabei nicht statt, es sei denn, daß die Voraussetzungen des § 1666 des Bürgerlichen Gesetzbuches[1] vorliegen.

---

[1] Nr. **241**.

[2] Absatz 2 aufgehoben; § 1847 lautet nunmehr: Das Vormundschaftsgericht soll in wichtigen Angelegenheiten Verwandte oder Verschwägerte des Mündels hören, wenn dies ohne erhebliche Verzögerung und ohne unverhältnismäßige Kosten geschehen kann. § 1779 Abs. 3 Satz 2, 3 gilt entsprechend.

241. Bürgerliches Gesetzbuch
[BGB]

Vom 18. 8. 1896

(RGBl S. 195, zuletzt geändert durch Gesetz vom 9. 12. 1976, BGBl I S. 3317)

– Auszug –

Erstes Buch. Allgemeiner Teil

Erster Abschnitt. Personen

Erster Titel. Natürliche Personen

§ 1 [Beginn der Rechtsfähigkeit] Die Rechtsfähigkeit des Menschen beginnt mit der Vollendung der Geburt.

§ 2 [Eintritt der Volljährigkeit] Die Volljährigkeit tritt mit der Vollendung des achtzehnten Lebensjahres ein.

§ 6 [Entmündigung] (1) Entmündigt kann werden:

1. wer infolge von Geisteskrankheit oder von Geistesschwäche seine Angelegenheiten nicht zu besorgen vermag;
2. wer durch Verschwendung sich oder seine Familie der Gefahr des Notstandes aussetzt;
3. wer infolge von Trunksucht oder Rauschgiftsucht seine Angelegenheiten nicht zu besorgen vermag oder sich oder seine Familie der Gefahr des Notstandes aussetzt oder die Sicherheit anderer gefährdet.

(2) Die Entmündigung ist wieder aufzuheben, wenn der Grund der Entmündigung wegfällt.

§ 7 [Wohnsitz; Begründung und Aufhebung] (1) Wer sich an einem Orte ständig niederläßt, begründet an diesem Orte seinen Wohnsitz.

(2) Der Wohnsitz kann gleichzeitig an mehreren Orten bestehen.

(3) Der Wohnsitz wird aufgehoben, wenn die Niederlassung mit dem Willen aufgehoben wird, sie aufzugeben.

§ 8 [Wohnsitz nicht voll Geschäftsfähiger] (1) Wer geschäftsunfähig oder in der Geschäftsfähigkeit beschränkt ist, kann ohne den Willen seines gesetzlichen Vertreters einen Wohnsitz weder begründen noch aufheben.

(2) Ein Minderjähriger, der verheiratet ist oder war, kann selbständig einen Wohnsitz begründen und aufheben.

§ 11 [Wohnsitz des Kindes] Ein minderjähriges Kind teilt den Wohnsitz der Eltern; es teilt nicht den Wohnsitz eines Elternteils, dem das Recht fehlt, für die Person des Kindes zu sorgen. Steht keinem Elternteil das Recht zu, für die Person des Kindes zu sorgen, so teilt das Kind den Wohnsitz desjenigen, dem dieses Recht zusteht. Das Kind behält den Wohnsitz, bis es ihn rechtsgültig aufhebt.

Dritter Abschnitt. Rechtsgeschäfte

Erster Titel. Geschäftsfähigkeit

§ 104 [Geschäftsunfähigkeit] Geschäftsunfähig ist:

1. wer nicht das siebente Lebensjahr vollendet hat;
2. wer sich in einem die freie Willensbestimmung ausschließenden Zustande krankhafter Störung der Geistestätigkeit befindet, sofern nicht der Zustand seiner Natur nach ein vorübergehender ist;
3. wer wegen Geisteskrankheit entmündigt ist.

§ 105 [Nichtigkeit der Willenserklärung] (1) Die Willenserklärung eines Geschäftsunfähigen ist nichtig.

(2) Nichtig ist auch eine Willenserklärung, die im Zustande der Bewußtlosigkeit oder vorübergehender Störung der Geistestätigkeit abgegeben wird.

§ 106 [Beschränkte Geschäftsfähigkeit Minderjähriger] Ein Minderjähriger, der das siebente Lebensjahr vollendet hat, ist nach Maßgabe der §§ 107 bis 113 in der Geschäftsfähigkeit beschränkt.

§ 114 [Beschränkte Geschäftsfähigkeit Entmündigter] Wer wegen Geistesschwäche, Verschwendung, Trunksucht oder Rauschgiftsucht entmündigt oder wer nach § 1906[1] unter vorläufige Vormundschaft gestellt ist, steht in Ansehung der Geschäftsfähigkeit einem Minderjährigen gleich, der das siebente Lebensjahr vollendet hat.

Zweiter Titel. Willenserklärung

§ 126 [Gesetzliche Schriftform] (1) Ist durch Gesetz schriftliche Form vorgeschrieben, so muß die Urkunde von dem Aussteller eigenhändig durch Namensunterschrift oder mittels notariell beglaubigten Handzeichens unterzeichnet werden.

(2) . . .

§ 129 [Öffentliche Beglaubigung] (1) Ist durch Gesetz für eine Erklärung öffentliche Beglaubigung vorgeschrieben, so muß die Erklärung schriftlich abgefaßt und die Unterschrift des Erklärenden von einem Notar beglaubigt werden. Wird die Erklärung von dem Aussteller mittels Handzeichens unterzeichnet, so ist die im § 126 Abs. 1 vorgeschriebene Beglaubigung des Handzeichens erforderlich und genügend.

(2) Die öffentliche Beglaubigung wird durch die notarielle Beurkundung der Erklärung ersetzt.

---

[1] Siehe Seite 8.

Viertes Buch. Familienrecht

Zweiter Abschnitt. Verwandtschaft

Vierter Titel. Rechtsverhältnis zwischen den Eltern und dem Kinde im allgemeinen

§ 1616 [Familienname des ehelichen Kindes] Das eheliche Kind erhält den Ehenamen seiner Eltern.

§ 1617 [Familienname des nichtehelichen Kindes] (1) Das nichteheliche Kind erhält den Familiennamen, den die Mutter zur Zeit der Geburt des Kindes führt. Als Familienname gilt nicht der gemäß § 1355 Abs. 3 dem Ehenamen vorangestellte Name.

(2) ...

§ 1618 [Einbenennung des nichtehelichen Kindes] (1) Die Mutter und deren Ehemann können dem Kinde, das einen Namen nach § 1617 führt und eine Ehe noch nicht eingegangen ist, ihren Ehenamen, der Vater des Kindes seinen Familiennamen durch Erklärung gegenüber dem Standesbeamten erteilen. Als Familienname gilt nicht der gemäß § 1355 Abs. 3 dem Ehenamen vorangestellte Name. Die Erteilung des Namens bedarf der Einwilligung des Kindes und, wenn der Vater dem Kinde seinen Familiennamen erteilt, auch der Einwilligung der Mutter.

(2) ...

Fünfter Titel. Elterliche Gewalt über eheliche Kinder

§ 1626 [Elterliche Gewalt] (1) Das Kind steht, solange es minderjährig ist, unter der elterlichen Gewalt des Vaters und der Mutter.

(2) Der Vater und die Mutter haben, soweit sich aus den folgenden Vorschriften nichts anderes ergibt, kraft der elterlichen Gewalt das Recht und die Pflicht, für die Person und das Vermögen des Kindes zu sorgen; die Sorge für die Person und das Vermögen umfaßt die Vertretung des Kindes.

§ 1627 [Ausübung der elterlichen Gewalt] Die Eltern haben die elterliche Gewalt in eigener Verantwortung und in gegenseitigem Einvernehmen zum Wohle des Kindes auszuüben. Bei Meinungsverschiedenheiten müssen sie versuchen, sich zu einigen.

§ 1631 [Inhalt des Personensorgerechts] (1) Die Sorge für die Person des Kindes umfaßt das Recht und die Pflicht, das Kind zu erziehen, zu beaufsichtigen und seinen Aufenthalt zu bestimmen.

(2) Das Vormundschaftsgericht hat die Eltern auf Antrag bei der Erziehung des Kindes durch geeignete Maßregeln zu unterstützen.

§ 1666 [Gefährdung des Kindeswohls] (1) Wird das geistige oder leibliche Wohl des Kindes dadurch gefährdet, daß der Vater oder die Mutter das Recht der Sorge für die Person des Kindes mißbraucht, das Kind vernachlässigt oder sich eines ehrlosen oder unsittlichen Verhaltens schuldig macht, so hat das Vormundschaftsgericht die zur Abwendung der Gefahr erforderlichen Maßregeln zu treffen. Das Vormundschaftsgericht kann insbesondere anordnen, daß das Kind zum Zwecke der Erziehung in einer geeigneten Familie oder in einer Erziehungsanstalt untergebracht wird.

(2) ...

§ 1670 [Konkurs] (1) Die Vermögensverwaltung eines Elternteils endet mit der Rechtskraft des Beschlusses, durch den der Konkurs über sein Vermögen eröffnet wird.

(2) Ist das Konkursverfahren aufgehoben, so kann ihm das Vormundschaftsgericht die Verwaltung wieder übertragen.

§ 1671 [Elterliche Gewalt nach Scheidung der Eltern] (1) Wird die Ehe der Eltern geschieden, so bestimmt das Familiengericht, welchem Elternteil die elterliche Gewalt über ein gemeinschaftliches Kind zustehen soll.

(2) Von einem gemeinsamen Vorschlag der Eltern soll das Familiengericht nur abweichen, wenn dies zum Wohle des Kindes erforderlich ist.

(3) Haben die Eltern keinen Vorschlag gemacht oder billigt das Familiengericht ihren Vorschlag nicht, so trifft es die Regelung, die unter Berücksichtigung der gesamten Verhältnisse dem Wohle des Kindes am besten entspricht.

(4) Die elterliche Gewalt soll in der Regel einem Elternteil allein übertragen werden. Erfordert es das Wohl des Kindes, so kann einem Elternteil die Sorge für die Person, dem anderen die Sorge für das Vermögen des Kindes übertragen werden.

(5) Das Familiengericht kann die Sorge für die Person und das Vermögen des Kindes einem Vormund oder Pfleger übertragen, wenn dies erforderlich ist, um eine Gefahr für das geistige oder leibliche Wohl oder für das Vermögen des Kindes abzuwenden.

(6) Die vorstehenden Vorschriften gelten entsprechend, wenn die Ehe der Eltern für nichtig erklärt oder aufgehoben worden ist. Haben die Eltern innerhalb von zwei Monaten nach Rechtskraft des Urteils, durch das die Ehe für nichtig erklärt oder aufgehoben worden ist, keinen Vorschlag gemacht, so trifft das Familiengericht die Regelung, die unter Berücksichtigung der gesamten Verhältnisse dem Wohle des Kindes am besten entspricht.

§ 1672 [Elterliche Gewalt bei Getrenntleben der Eltern] Leben die Eltern nicht nur vorübergehend getrennt, so bestimmt das Familiengericht, welchem Elternteil die elterliche Gewalt über ein gemeinschaftliches Kind zustehen soll. Das Gericht entscheidet nur auf Antrag eines Elternteils. Die Vorschriften des § 1671 Abs. 2 bis 4 gelten entsprechend.

§ 1673 [Ruhen der elterlichen Gewalt bei rechtlichem Hindernis] (1) Die elterliche Gewalt eines Elternteils ruht, wenn er geschäftsunfähig ist.

(2) Das gleiche gilt, wenn er in der Geschäftsfähigkeit beschränkt ist oder wenn er nach § 1910 Abs. 1[1] einen Pfleger für seine Person und sein Vermö-

[1] Siehe Seite 8.

gen erhalten hat. Die Sorge für die Person des Kindes steht ihm neben dem gesetzlichen Vertreter des Kindes zu; zur Vertretung des Kindes ist er nicht berechtigt. Bei einer Meinungsverschiedenheit geht die Meinung des gesetzlichen Vertreters vor; ruht die elterliche Gewalt der Mutter wegen Minderjährigkeit, so geht ihre Meinung der Meinung eines Vormundes oder Pflegers vor.

§ 1674 [Ruhen bei tatsächlichem Hindernis] (1) Die elterliche Gewalt eines Elternteils ruht, wenn das Vormundschaftsgericht feststellt, daß er auf längere Zeit die elterliche Gewalt tatsächlich nicht ausüben kann.

(2) Die elterliche Gewalt lebt wieder auf, wenn das Vormundschaftsgericht feststellt, daß der Grund des Ruhens nicht mehr besteht.

§ 1675 [Wirkung des Ruhens] Solange die elterliche Gewalt ruht, ist ein Elternteil nicht berechtigt, sie auszuüben.

§ 1676 [Verwirkung der elterlichen Gewalt] (1) Ein Elternteil verwirkt die elterliche Gewalt, wenn er wegen eines an dem Kinde verübten Verbrechens oder vorsätzlichen Vergehens zu Freiheitsstrafe von mindestens sechs Monaten verurteilt wird. Trifft diese Straftat mit einer anderen zusammen und wird auf eine Gesamtstrafe erkannt, so entscheidet die Einzelstrafe, die für die an dem Kind verübte Straftat verwirkt ist.

(2) Die elterliche Gewalt ist mit der Rechtskraft des Urteils verwirkt.

§ 1677 [Todeserklärung eines Elternteils] Die elterliche Gewalt eines Elternteils endet, wenn er für tot erklärt oder seine Todeszeit nach den Vorschriften des Verschollenheitsgesetzes festgestellt wird, mit dem Zeitpunkt, der als Zeitpunkt des Todes gilt.

§ 1678 [Alleinige Ausübung bei tatsächlicher Verhinderung oder Ruhen] (1) Ist ein Elternteil tatsächlich verhindert, die elterliche Gewalt auszuüben, oder ruht seine elterliche Gewalt, so übt der andere Teil die elterliche Gewalt allein aus; dies gilt nicht, wenn die elterliche Gewalt dem Elternteil nach den §§ 1671, 1672 übertragen war.

(2) Ruht die elterliche Gewalt des Elternteils, dem sie nach den §§ 1671, 1672 übertragen war, so hat das Familiengericht die Ausübung der elterlichen Gewalt auf Antrag dem anderen Elternteil zu übertragen, wenn keine Aussicht besteht, daß der Grund des Ruhens wegfallen werde.

§ 1679 [Alleinige Ausübung bei Verwirkung] (1) Hat ein Elternteil die elterliche Gewalt verwirkt, so hat das Vormundschaftsgericht anzuordnen, daß die elterliche Gewalt oder die Sorge für die Person oder das Vermögen des Kindes dem anderen Elternteil allein zusteht, soweit dies mit dem Wohle des Kindes vereinbar ist. Andernfalls bestellt es einen Vormund oder Pfleger. Mit der Bestellung verliert auch der andere Elternteil die elterliche Gewalt oder die Sorge für die Person oder das Vermögen des Kindes. Neben dem Vormund oder Pfleger steht ihm nur die tatsächliche Personensorge zu; bei Meinungsverschiedenheiten geht die Meinung des Vormundes oder Pflegers vor.

(2) Die elterliche Gewalt geht auf den anderen Elternteil über, wenn der Elternteil sie verwirkt, dem sie nach den §§ 1671, 1672 übertragen war.

§ 1680 [Entziehung des Sorgerechts; Ende der Vermögensverwaltung] Wird die Sorge für die Person oder das Vermögen des Kindes einem Elternteil entzogen oder endet seine Vermögensverwaltung nach § 1670, so gelten die Vorschriften des § 1679 entsprechend.

§ 1681 [Tod eines Elternteils] (1) Ist ein Elternteil gestorben, so steht die elterliche Gewalt dem anderen Teil allein zu.

(2) . . .

§ 1693 [Eingreifen des Vormundschaftsgerichts] Sind die Eltern verhindert, die elterliche Gewalt auszuüben, so hat das Vormundschaftsgericht die im Interesse des Kindes erforderlichen Maßregeln zu treffen.

Sechster Titel. Elterliche Gewalt über nichteheliche Kinder

§ 1705 [Elterliche Gewalt der Mutter] Das nichteheliche Kind steht, solange es minderjährig ist, unter der elterlichen Gewalt der Mutter. Die Vorschriften über die elterliche Gewalt über eheliche Kinder gelten im Verhältnis zwischen dem nichtehelichen Kinde und seiner Mutter entsprechend, soweit sich nicht aus den Vorschriften dieses Titels ein anderes ergibt.

§ 1709 [Jugendamt als Pfleger] Mit der Geburt des Kindes wird das Jugendamt Pfleger. Dies gilt nicht, wenn bereits vor der Geburt des Kindes ein Pfleger bestellt oder angeordnet ist, daß eine Pflegschaft nicht eintritt, oder wenn das Kind eines Vormunds bedarf. § 1791 c Abs. 1 Satz 2, Abs. 3 gilt entsprechend.

§ 1712 [Anhörung des Vaters] Das Vormundschaftsgericht soll vor einer Entscheidung, welche die Sorge für die Person oder das Vermögen des Kindes betrifft, den Vater hören, wenn es die Anhörung nach seinem Ermessen für geeignet hält, dem Wohle des Kindes zu dienen.

Siebenter Titel. Legitimation nichtehelicher Kinder

II. Ehelicherklärung auf Antrag des Vaters

§ 1723 [Voraussetzungen der Ehelicherklärung] Ein nichteheliches Kind ist auf Antrag seines Vaters vom Vormundschaftsgericht für ehelich zu erklären, wenn die Ehelicherklärung dem Wohle des Kindes entspricht und ihr keine schwerwiegenden Gründe entgegenstehen.

§ 1738 [Verlust der elterlichen Gewalt] (1) Mit der Ehelicherklärung verliert die Mutter das Recht und die Pflicht, die elterliche Gewalt auszuüben.

(2) Das Vormundschaftsgericht kann der Mutter die Ausübung der elterlichen Gewalt zurückübertragen, wenn die elterliche Gewalt des Vaters en-

digt oder ruht oder wenn dem Vater die Sorge für die Person des Kindes entzogen ist.

(3) ...

Achter Titel. Annahme als Kind

I. Annahme Minderjähriger

§ 1754 [Rechtliche Stellung des Kindes] (1) Nimmt ein Ehepaar ein Kind an oder nimmt ein Ehegatte ein Kind des anderen Ehegatten an, so erlangt das Kind die rechtliche Stellung eines gemeinschaftlichen ehelichen Kindes der Ehegatten.

(2) In den anderen Fällen erlangt das Kind die rechtliche Stellung eines ehelichen Kindes des Annehmenden.

§ 1755 [Verhältnis zu den bisherigen Verwandten] (1) Mit der Annahme erlöschen das Verwandtschaftsverhältnis des Kindes und seiner Abkömmlinge zu den bisherigen Verwandten und die sich aus ihm ergebenden Rechte und Pflichten. Ansprüche des Kindes, die bis zur Annahme entstanden sind, insbesondere auf Renten, Waisengeld und andere entsprechende wiederkehrende Leistungen, werden durch die Annahme nicht berührt; dies gilt nicht für Unterhaltsansprüche.

(2) Nimmt ein Ehegatte das nichteheliche Kind seines Ehegatten an, so tritt das Erlöschen nur im Verhältnis zu dem anderen Elternteil und dessen Verwandten ein.

§ 1756 [Vorherige Verwandtschaft der Annehmenden mit dem Kind] (1) Sind die Annehmenden mit dem Kind im zweiten oder dritten Grad verwandt oder verschwägert, so erlöschen nur das Verwandtschaftsverhältnis des Kindes und seiner Abkömmlinge zu den Eltern des Kindes und die sich aus ihm ergebenden Rechte und Pflichten.

(2) Nimmt ein Ehegatte das eheliche Kind seines Ehegatten an, dessen frühere Ehe durch Tod aufgelöst ist, so tritt das Erlöschen nicht im Verhältnis zu den Verwandten des verstorbenen Elternteils ein.

Dritter Abschnitt. Vormundschaft

Erster Titel. Vormundschaft über Minderjährige

I. Begründung der Vormundschaft

§ 1773 [Voraussetzungen] (1) Ein Minderjähriger erhält einen Vormund, wenn er nicht unter elterlicher Gewalt steht oder wenn die Eltern weder in den die Person noch in den das Vermögen betreffenden Angelegenheiten zur Vertretung des Minderjährigen berechtigt sind.

(2) Ein Minderjähriger erhält einen Vormund auch dann, wenn sein Familienstand nicht zu ermitteln ist.

II. Führung der Vormundschaft

§ 1801 [Religiöse Kindererziehung] (1) Die Sorge für die religiöse Erziehung des Mündels kann dem Einzelvormund von dem Vormundschaftsgericht entzogen werden, wenn der Vormund nicht dem Bekenntnis angehört, in dem der Mündel zu erziehen ist.

(2) Hat das Jugendamt oder ein Verein als Vormund über die Unterbringung des Mündels zu entscheiden, so ist hierbei auf das religiöse Bekenntnis oder die Weltanschauung des Mündels und seiner Familie Rücksicht zu nehmen.

Dritter Abschnitt. Vormundschaft

Erster Titel. Vormundschaft über Minderjährige

IV. Mitwirkung des Jugendamts[1]

§ 1850 [Überwachungspflichten] (1) Das Jugendamt hat in Unterstützung des Vormundschaftsgerichts darüber zu wachen, daß die Vormünder für die Person der Mündel, insbesondere für ihre Erziehung und ihre körperliche Pflege, pflichtmäßig Sorge tragen. Es hat dem Vormundschaftsgericht Mängel und Pflichtwidrigkeiten anzuzeigen und auf Erfordern über das persönliche Ergehen und das Verhalten eines Mündels Auskunft zu erteilen.

(2) Erlangt das Jugendamt Kenntnis von einer Gefährdung des Vermögens eines Mündels, so hat es dem Vormundschaftsgericht Anzeige zu machen.

Zweiter Titel. Vormundschaft über Volljährige

§ 1906 [Voraussetzungen für vorläufige Vormundschaft] Ein Volljähriger, dessen Entmündigung beantragt ist, kann unter vorläufige Vormundschaft gestellt werden, wenn das Vormundschaftsgericht es zur Abwendung einer erheblichen Gefährdung der Person oder des Vermögens des Volljährigen für erforderlich erachtet.

Dritter Titel. Pflegschaft

§ 1910. [Gebrechlichkeitspflegschaft] (1) Ein Volljähriger, der nicht unter Vormundschaft steht, kann einen Pfleger für seine Person und sein Vermögen erhalten, wenn er infolge körperlicher Gebrechen, insbesondere weil er taub, blind oder stumm ist, seine Angelegenheiten nicht zu besorgen vermag.

(2) ...

---

[1] **Gesetz für Jugendwohlfahrt** in der Fassung der Bekanntmachung vom 6. 8. 1970 (BGBl I S. 1197), zuletzt geändert durch Gesetz vom 2. 7. 1976 (BGBl I S. 1762):

§ 3 (1) Die öffentliche Jugendhilfe soll die in der Familie des Kindes begonnene Erziehung unterstützen und ergänzen. Die von den Personensorgeberechtigten bestimmte Grundrichtung der Erziehung ist bei allen Maßnahmen der öffentlichen Jugendhilfe zu beachten, sofern hierdurch das Wohl des Kindes nicht gefährdet wird. Ihr Recht, die religiöse Erziehung zu bestimmen, ist im Rahmen des Gesetzes über die religiöse Kindererziehung vom 15. Juli 1921 (RGBl S. 939) stets zu beachten.

(2, 3) ...

§ 71 (1) ...

(2) Der Minderjährige soll in einer Familie oder einem Heim untergebracht werden, in denen die Erziehung nach den Grundsätzen seiner Kirche, Religionsgesellschaft oder Weltanschauungsgemeinschaft durchgeführt wird. Davon kann abgesehen werden, wenn eine geeignete Familie oder ein geeignetes Heim nicht vorhanden ist oder besondere erzieherische Bedürfnisse des Minderjährigen es erfordern; seine religiöse Betreuung muß gesichert sein.

(3, 4, 5) ...